トラック運送企業の生産性向上入門

誰にでもできる高付加価値経営の実現

物流ジャーナリスト
森田富士夫
MORITA Fujio

東京 白桃書房 神田

はじめに

トラック運送業における大きな課題は生産性向上です。ご存知のように政府は成長戦略の一環としてサービス業における生産性向上を掲げています。喜ぶべきか悲しむべきかは別として、トラック運送業も対象産業のひとつです。当然、国土交通省をはじめ公益社団法人全日本トラック協会なども生産性向上に向けた取り組みを推進しています。

具体的には、①荷主との協力体制の推進、②運賃水準の引き上げに直結する方策の検討、③高速道路料金における大口・多頻度割引最大50％の恒久化などです。いわば生産性を向上させるための枠組みの整備です。

一方、これらの政策主導の枠組みづくりとは別に、市場原理という面からもトラック運送業では生産性向上が強く求められています。生産性を向上する枠組みが整備されても、実際に事業を展開するのは個々の企業、経営者です。本書では、生産性向上を目指す事業者の日々の取り組みについて考えます。

まず国際化という面からみますと、FTA（自由貿易協定）、EPA（経済連携協定）交渉の加速など、経済のグローバル化が進む中で、トラックによる陸上輸送といえども海外企業との競争が避けられなくなってきます。それは、日本の事業者による海外進出だけではなく、島国である日本国内においても外国の運送会社のトラックが走行するようになる可能性があるからです。たとえば2012年10月からは、日韓両国のダブルナンバーによるトレーラの相互通行が日本通運のシャーシで始まりました（13年3月からは韓国の天一定期貨物自動車のシャーシも加わりました）。さらに2015年10月には、日中間でも相互通行用シャーシ（日本通運の1両）の登録が完了しています。

それ以外にもトラック輸送分野におけるグローバル化の影響は、非関税障壁が焦点になるものと思われます。関税撤廃（段階的撤廃も含めて）は、トラック運送業界においては荷主企業の荷物量がどのように変化するかに左右されるという間接的影響に過ぎません。それに対して非関税障壁の問題は、トラック運送業界に直接的影響をもたらすことが予想されます。先のダブルナンバーによるトレーラの相互通行などが活発化すれば、道路交通法、貨物自動車運送事業法、道路運送車両法、貨物利用運送事業法などの法的な面の見直し（諸外国とのすり合わせ）が必要になってくるでしょう。

また、このような法令面だけではなく、安全や品質、環境などサービス水準のメルクマールとしても、荷主ニーズとしてグローバルスタンダードが求められるようになってきます（大手事業者においては会計基準なども）。そうすると、グローバルスタンダードのサービス水準を提供できる最低限の企業規模や財務内容など、企業存続のための条件が変化し、市場における事業展開のハードルが全体的に高くなります。当然、企業には生産性の向上が伴わなければなりません。

もちろん、これら経済のグローバル化への対応には多少の時間的猶予があります。しかし一方では、すでに現在、国内的な喫緊の課題としても生産性向上が必須になっています。ドライバーの拘束時間、労働時間の短縮は、コンプライアンス面からもそうですが、若年ドライバーを確保できるか否かの問題にも関わりそれは将来にわたって事業を存続できるかどうかにつながってきます。

ですが、労働時間短縮と賃金アップは、従来の経営構造からは「二律背反」といえます。多くのトラック運送企業においては、長時間労働と歩合制賃金をベースに経営が成り立っていたからです。しかし近年、労働時間短縮をはじめとする労働条件の改善、時間外労働に対する割増賃金係数の改正など、これまで経営の基盤になっていた長時間労働と歩合制賃金という2つの前提が成り立たなくなってきました。労働時間を短縮しつつ賃金水準も上げていく（当面は賃金水準を維持しつつ時短を進めるというレベルですが）という二律背反の克服には、生産性向上が不可欠です。

実際、優良荷主企業が事業者の見直しをする時に何を重視するかと言いますと、コンプライアンスと生産性です。荷主が求めるのは一定水準の運賃・料金で安定的に物流業務を委託できる事業者ですが、その際にコンプライアンスと生産性を重視するのは、業務を遂行するための人材を今後も安定的に確保できる事業者かどうかを判断するための要件だからに他なりません。

これまで長年にわたって取引してきた事業者が、業務上で何の瑕疵がなくても、契約更新時に取引を打ち切られるようなケースもあります。荷主企業の最大の懸念は安定的に業務を委託できる事業者か否かで、その判断材料のひとつが将来にわたって人材が確保できる企業かどうかなのです。人材を確保できる企業かどうかの目安としてはコンプライアンス面が大きな判断材料ですが、荷主企業としては運賃・料金を上げたくはありません。すると、コンプライアンスコストを賄っても適正な利益が確保できるだけの生産性の高い事業者かどうかが、事業者選定のもうひとつの条件になってくるのです。

ところが、トラック運送業界ではこれまで、生産性という概念が希薄でした。運賃・料金が上がれば、それが生産性向上であるかのような錯覚が支配的だったのです。たしかに運賃・料金の値上げは収益性や採算性を向上させます。ですが、それは生産性の向上ではありません。なぜなら、仕組みそのものは何ら変わっていないからです。もちろん、同じサービスなら安いよりも高く売れるに越したことはありません。ですから運賃・料金の値上げは喜ばしいことですが、逆に需給関係が変化して運賃・料金が下がれば収益性は悪くなってしまうということでもあります。誤解を恐れず極論すれば、かりに運賃・料金の単価が下がっても利益が増えるように仕組みを変えることが生産性向上なのです。

そこでトラック運送業における生産性向上のパターンをみますと、以下の４つに分類することができます。

①より少ないコストで同じ売上と利益を得ることができる、②同じコストでより多くの売上と利益

を得ることができる、③コストを増やしてもそれ以上の割合で売上と利益を伸ばすことができる、④より少ないコストで売上と利益を多くすることができる。

コスト削減には絶対的削減（①④）と相対的削減（②③④）があり、またそれら2つの組み合わせ（③④）があります。しかし絶対的コスト削減といっても人件費を削るのは生産性向上ではありません。人件費の削減は労働意欲を減退させて生産性を下げ、サービス品質の低下を招きます。

また、コストには固定費と変動費がありますが、変動費の増加だけで売上を伸ばして利益率の向上につなげる仕組みの構築が、投資リスクなどを最小限に抑えて生産性の向上を実現する現実的な方法です。

本書では、生産性に対する以上のような基本的解釈を前提として、トラック運送企業における生産性向上を様々な面からみていきます。したがって、燃料価格の高騰や下落による収益性の悪化や改善といった、外的要因には関わらず、もっぱら内的要因をどのようにすることで生産性の向上を図るか、という視点から検討します。

また、筆者はジャーナリストですから実際に自分が取材して得た素材（ファクト）に基づいて、そこに若干の理論化を試みた内容になります。そして、できるだけ具体的な事例を紹介しています。つまり本書の内容を応用すれば誰でも生産性を向上することができることを目指しました。

ちなみに、全日本トラック協会の「平成26年度版経営分析報告書」（サンプル数２１９２社）によりますと、従業員1人あたりの労働生産性は529万1000円となっています。なお、同報告書では、労働生産性を以下の式で算出しています。「労働生産性＝付加価値額（経常損益＋金融費用＋人件費〈運送費＋一般管理費〉＋減価償却費＋施設使用料＋施設賦課税－金融収益）÷従業員数」。

なお本書は、拙著『トラック運送企業のマネジメント―経営戦略に関わる実証的研究―』（2005年・白桃書房）の続編的な位置づけになっています。したがってごく一部ですが重複する部分もあります。しかし、基本的には前著を上梓した後に取材した内容を主として構成しています。またこの間、全日本トラック協会が発行する『広報とらっく』に2009年1月より「トラック運送事業者のための経営のヒント」を連載しています。引用や参考文献としてはあげていませんが、そこで紹介した内容の一部も生産性向上という切り口から取り上げました。さらに、筆者が毎月発行している会員制情報誌『M Report』に掲載した記事を全体のベースにしてまとめました。

最後になりますが、本書を書くに当たっては、取材やその他で多くの皆様にお世話になりました。改めてお礼申し上げます。

2016年10月22日

目　次

3　トラック運送事業の普遍的課題と生産性　79

4 生産性向上には時間の概念が不可欠 111

1 トラック運送事業における生産性向上とは

1 運賃・料金値上げと生産性向上とは違う?

トラック運送企業がどのようにして生産性を向上するかを考えるわけですが、まず最初に、本書で生産性向上という場合の生産性とは何か、という点をはっきりさせておきましょう。

最近は、ドライバー不足といったことで運べなくなったら大変という危機感もあり、数年前よりも運賃水準が上がってきました。その主たる理由は、ドライバー不足によるトラック不足です。とくに、2013年の夏過ぎぐらいから消費税増税前の駆け込み需要があった翌14年3月末にかけて、一部ではトラック不足で運べないという状況もみられました。さらに今後、若年者が減少していくことは明らかですから、トラック運送業界に限らず若年労働力の確保が大きな課題になってきています。

このような背景もあって、運賃・料金水準が以前より上昇してきたのは事実です。しかし、取材をしてみると、運賃上昇がはっきりと表われているのは主にスポット的な仕事や、取引金額の少ない荷主との契約においてです。スポット的な荷物では即時性が求められますから、運賃が高くてもとにかく運ぶことが優先されます。同業者間の取引においては、元請事業者がこの荷物だけは逆ザヤになっても運ばなければならない、と傭車を確保するようなケースもあります。これが、スポット運賃が比較的上がっている理由です。

また、取引金額の少ない荷主との間の運賃も上がっています。これは、運送事業者側が「値上げに応じてもらえないなら取引を止めてもよい」という強い姿勢で運賃交渉に臨むからです。つまり、実運送事業者側の運賃交渉力が相対的に強い条件にある場合に、運賃値上率も高くなっています。

そのような中で、出荷量の少ない荷主の一部では社内物流に転換する動きも出てきました。たとえば孫請けやひ孫請けのような取引で仕事をしている部品製造の町工場などでは、受注単価があまり上がっていないのに、原材料コストや電気料金の値上がり、さらに労働力確保のための賃上げなどで経営が厳しくなってきました。そのうえ運賃まで大幅に値上がりしたのではたまらないというのが実情です。そこで「自営転換」ではなく「営自転換」せざるを得ないということで、2014年夏ぐらいからそのような傾向が一部ではみられるようになってきました。それに伴って、1t車や2t車など小型トラックのレンタカー需要が増えています。

一方、売上比率の高い取引先との契約においては、それほど大幅に運賃が上がっているわけではありません。むしろ据え置きといったケースが多いのではないでしょうか。結局、運賃・料金契約においては取引上の力関係が大きく影響していることが分かります。

しかし、2014年度の後半ぐらいから、運賃・料金が全体的に上昇していることは事実です。そこで運賃・料金の動向をもう少し分析すると興味深い傾向がみえてきました。あくまで全体的傾向ですが、第一次産品、とくに農産物輸送の運賃は値上率が高い傾向がみられました。ただし、米は生産者米価を直接的に反映するので例外です。

では野菜など農産物の運賃はなぜ値上率が高くなるのでしょうか。取材で得られた様々な情報を分析しますと、野菜には季節性があるために、年間を通した継続的な輸送需要ではないことが大きな理由と推量されます。継続的な取引では契約期間も決まっていますし、運賃交渉をするタイミングやきっかけが難しいものです。しかし、野菜のようにシーズンが過ぎると翌年のシーズンまで荷物が途切れるという断続的な輸送需要の場合には、仕事を請ける前に「ドライバー不足で今シーズンは運賃がいくら以上でないと運べない」と主張しやすいからではないかと思われます。また季節性のある生鮮物は荷主側もスムーズに市場などに供給できないと高く売れなくなってしまいますから、値上げに応じるしかないといった事情もあるのではないでしょうか。

また、第二次産業製品の運賃値上げ動向を、原材料から中間製品、最終商品までのサプライチェーンに沿ってみると、やはり面白い傾向がみられます。サプライチェーンの川上、すなわち原材料に近い運賃の方の値上率が高い傾向がみられました。原材料の多くは輸入されていますので、原材料価格は為替変動をストレートに反映します。したがって円安が進行するような状況下では、運賃も比較的値上げしやすいのではないかと思われます。それは、荷主が物流コストアップ分も含めて販売先に転化しやすいからだろうと推測されます。原材料を仕入れる側（受荷主）にとっては、ある程度の為替変動などのリスクは織り込み済みで、仕入れ原価の上昇として処理できます。

それに対して、サプライチェーンの川下の方では、大口取引先に対する運賃値上げは厳しい傾向がみられました。量販店など大手小売業は、店頭における販売価格を先に戦略的に設定して仕入れ交渉を行いますので、メーカー（製品物流）や問屋、さらに大手小売店などの運賃・料金は、値上がりしているといっても値上率は小幅にとどまっているようです。

このように様々な条件によって運賃の値上げ幅は異なります。また、運賃値上げによって一時的に収益性がよくなることはあっても、逆に運賃が下がり収益性が悪化する可能性もあります。これはコストとしての燃料価格の変動も同様です。したがって、運賃・料金値上げとは別に、仕事の仕組みを変えることが重要で、それが本書でいう生産性の向上ということになります。

2「安く売る」と「安く売れる」の違い

運賃・料金値上げと生産性向上の違いがよく分かるように、流通業を例にとって簡単に説明しましょう。それは、「安く売る」のと「安く売れる」のでは違うということです。

ある商品をA店は１００円（＋消費税）で売っています。B店も同じです。ところがC店では同じ商品をいつも70円（＋消費税）で販売するようになりました。そのためA店もB店も１００円以下で今までより安く売るように値下げせざるを得なくなったとします。

ところが、A店は仕入れ価格が75円ですから、70円まで下げると販売すればするほど赤字です。B店はA店より仕入れ量が多いので70円で仕入れていますが、販売経費などを含めると70円では赤字販売です。しかし、C店では、常時70円で販売しても一定の利益が確保できているということは、仕入れ価格が70円以下になっているということです。

A店やB店は昔からの流通ルートで仕入れていますので、販売量の多いB店でも70円までしか仕入れ価格が下がりません。それに対してC店は流通経路を短絡化したり、メーカーに製造原価の安い海外で作らせたりして、仕入れ価格を70円以下にしました。製造小売業（ＳＰＡ）などはその典型です。

その結果、C店は「安く売れる」ようになったのです。安く販売しても適正な利益が得られるような仕入れ構造にしたのです。これはダンピングではありません。ですが、A店やB店は仕入れ構造を変えることなく、「安く売る」ことを余儀なくされたのです。このように「安く売る」のと「安く売れる」のでは大きな違いです。

もちろん、C店が若い販売員の確保や労働条件の改善などの原資を得るために、値上げをして100円で売ってもかまいません。するとA店やB店も値段を元に戻せるので助かります。ホッと一息つくことができるでしょう。ですが、C店とは利益率が違いますから、同じ100円で販売してもA店やB店では店員の賃金を上げたり労働条件を改善することが困難です。賃金などを上げるとすれば、それだけ収益性が下がってしまいます。さらに、店員の確保も難しくなってくるでしょう。

このように小売店を例にすると分かりやすいのですが、端的にいえば、店頭でいくらの値札をつけるかということが本当の競争なのではありません。それは商売上の駆け引きです。小売業であれば、値札をいくらにするかを考える以前に、企業間競争の優劣はすでに商品を仕入れる段階（構造改革）で決まってしまっているのです。

つまり、生産性向上とは、他社よりも安いコスト（相対的／絶対的）で、同じ商品やサービス、あるいはよりよい商品やサービスを販売できるようにすることです。トラック運送業における生産性向上なら、人件費を上げても、他社より安いコストでよりよいサービスが提供できるような仕組みを構築することです。もちろん、必ずしも販売価格（運賃・料金）を下げる必要はありません。

3 トラック運送事業における生産性向上の4つのパターン

では、トラック運送業における生産性向上を具体的にみることにしましょう。「はじめに」でも書いたように、トラック運送業における生産性向上には4つのパターンがあります。

パターン1 より少ないコストで同じ売上と利益が得られるようにする。

これはコストの絶対的削減です。無駄なコストを見直して削減するのが最も初歩的な取り組みですが、ドライバーの賃金を下げるのは生産性向上とはいえません。たとえば省エネ運転の推進で燃料コストを削減するといったことがコストの絶対的削減です。その場合、ドライバー個人の努力が重要なことは当然ですが、ドライバーの努力を促し、サポートするような仕組みを作ることが企業としての生産性向上策です。

生産性向上の４つのパターン

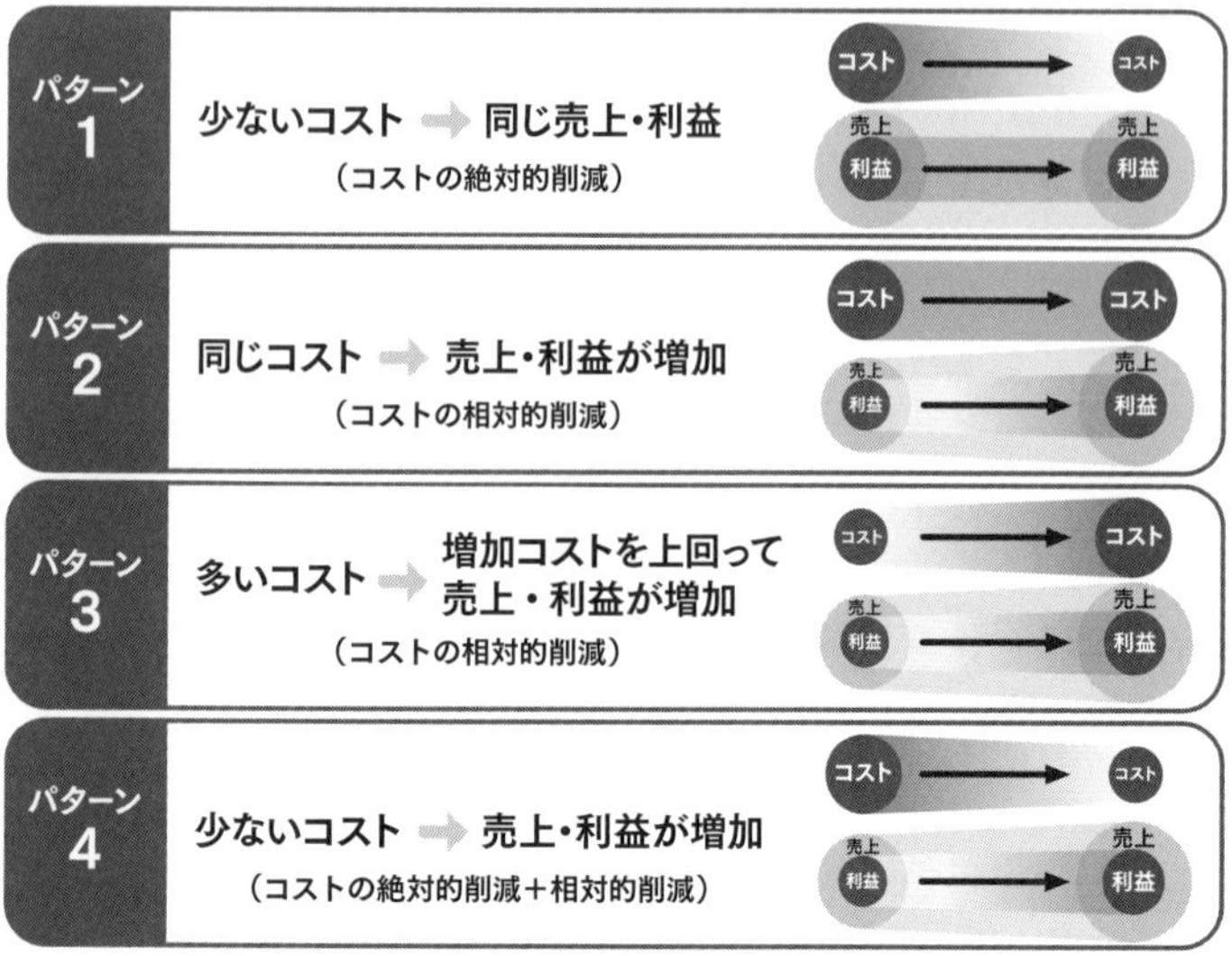

パターン 2 同じコストで売上や利益が増えるようにする。

これはコストの相対的削減です。たとえば、自社の業務内容に適合したコンピュータのソフトを開発・導入することで、最初は導入費用がかかるもののその後は、間接部門で働く人数と総労働時間は同じでも、従来以上の仕事量をこなせるようにする、といったことです。運送の現場なら、配送コースを再編成することで、配送件数や配送する荷物量が増えても、同じ車両台数で同じ人数のドライバーで、総労働時間も同じで作業を遂行できるようにする場合も同様です。つまり従来より売上が増加しても同じ人数で同じ労働時間で対応できるような仕組みにするパターンの生産性向上です。

パターン3 コストを増やしても、そのコスト増をはるかに上回る割合で売上と利益を増加させる。

これはコストの相対的削減です。コストを増やしても、売上や利益の増加率がそれをはるかに上回るようなパターンです。コストの絶対額は増えますが、売上や利益との割合でみるとコスト比率は下がることを意味します。これはコストが増えても今まで以上の売上を上げうるということですが、その場合に重要なのは、増加するコストが変動費だけであれば利益率が高くなるということです。分かりやすいのは、片荷輸送だった運行を帰り荷の確保で実車率を上げるようなケースです。これは日常的に当たり前にやっていることです。帰り荷があれば売上が増えますが、帰り荷を積む場所に移動するために走行距離が延びれば、その分の燃料費は増えることになります。ですが、トラックを増やすわけではありませんので変動費の増加だけですから、利益率が高くなり生産性が向上します。また、既存の経営資源（トラック）の稼働率を高める工夫ですから、投資というリスクがありません。もちろん、採算見通しがあれば投資をして固定費を増やし、積極的に事業拡大することは当然です。

パターン
4 より少ないコストで売上と利益を増加させる。

これはコストの絶対的削減と相対的削減の両方を含む、一番よいパターンです。しかし、装置産業などでは可能ですが、労働集約型のトラック運送業では、このパターンはなかなか難しいといえます。物流センター業務と輸配送業務を一体化したサービスでは、やり方によってはこのパターン4も可能ですが、純粋に運送業務だけでは難しいのが実態です。

このようなことから、純粋な運送業務で生産性を向上するために、現実的に一番よいパターンはパターン3となります。

2 ローコストオペレーションこそ生産性向上の本質

「3PL」も結局は現場力の差に行き着く

純粋な運送業務だけではなかなか利益が出ないという経営者もいます。そこで倉庫や物流センター業務もあわせた一貫サービスが必要だという考え方もあります。

このような包括的な業務受託を、最近は「3PL」ともいっています。ですが、個人的には現在「3PL」と称している業態の定義には違和感を持っています。3PLという業態そのものの存在を否定しているわけではありません。3PLとは、本来、サードパーティとロジスティクスという2つの概念で構成されるものだと考えているからです。もちろん、言葉の定義などは商売には関係ありませんから、「３ＰＬ」を名乗った方が商売上で有利になるのなら、何ら問題はありません。この点を踏まえて、以下では3PLを「　」に入れて表記します。

ところで「３ＰＬ」事業者の利益率が高いかといいますと、これは事業者によって格差があります。つまり「３ＰＬ」だから利益率が高いというわけではないのです。そこで分析してみますと、「３ＰＬ」事業者でも利益率の高い事業者は、物流センター内のローコストオペレーションに優れていて、同時に輸配送業務においても効率的な車両オペレーションのノウハウを持った事業者でした。

現在の「３ＰＬ」事業者をみますと、倉庫業から入ってきた事業者と、トラック運送業から入ってきた事業者に分類できます。倉庫業とトラック運送業という異なる出自から同じような業態にたどり着いたわけです。そして、倉庫業から「３ＰＬ」になった事業者は物流センター内のローコストオペレーションなどに優れていて、トラック運送業から出発した事業者は車両の効率的なオペレーションが得意です。その両方のノウハウを持っている「３ＰＬ」事業者が、比較的高い利益率を実現している生産性の高い事業者です。

それは、第三者という立場ではなく、自分が業務を受託することを目的として、効率的な物流システム（ロジスティクスではない）をプランニングし、プレゼンし、そして業務受託しているからです。したがって「３ＰＬ」という業態そのものが優れているのではなく、生産性の高い作業ノウハウがあるかどうかという現場力の差に行き着きます。これは「３ＰＬ」を名乗らない事業者でも同じことです。[1]

そこで次からは、純粋な運送業務で生産性を向上するにはどうするか、物流センター業務で生産性を向上するにはどうするか、を分けて考えることにしましょう。

まず、純粋な運送業務で生産性を向上するにはどうするか、です。

1 運送業務における生産性向上

生産性向上の基本は3率（積載率・実車率・回転率）の向上

運送業務で生産性を向上するには、〈積載率〉〈実車率〉〈回転率〉の3つの率を高めることが基本です[2]。純粋な運送業務は積み合わせなどを含めても比較的シンプルですから、仕組みで生産性を向上するとなるとこの3率をどのように向上するかということに尽きてしまいます。なお、3率向上にもうひとつ加えるとすると、トラックを大型化して同時に運べる積載量を増やすということになります。しかし、大型化した車両も実車率や回転率の向上が伴わなければ生産性向上にはなりません。

3率の向上や積載量の増加は、トラック運送業の基本中の基本です。したがって、運送業務で生産性を向上するには、どこまで基本に忠実な経営をするかに行き着きます。

運送業務だけでも利益率の高い経営を実現している事業者がいます。意外に思われるかも知れませんが、20台規模の中小事業者で、運送業務だけで20％以上の経常利益率を上げている事業者もいます。

あるいは、当期純利益がコンスタントに４％台、５％台という中小事業者もいます。このような事業者の現場の仕組みを取材しますと、それぞれの事業者によって具体的な業務内容は異なりますが、いずれの事業者も結局は３率をいかに高めるかというトラック運送事業の基本を忠実に追求しているという共通点がみえてきます。

ではなぜ、３率の向上を追求すると高利益率になるのでしょうか。それは、どのようにすれば運賃収入を増やせるかを考えれば自ずと明らかになります。収受する運賃を増やすには運賃を値上げすればよいわけですが、ここでは生産性を向上する仕組みを考えることが主眼ですから、運賃が変化しないことを前提に話を進めます。また、ひとつひとつの取引における運賃は、あえて「低い運賃」と表現します。

運送業務で高い利益率を実現している事業者の収入ならびに支出を一般式に表すと次のようになります。

（低い運賃＋低い運賃＋低い運賃＋……）－（費用＋α）＝利益

低い運賃であっても、それをいくつも合わせれば大きくなります。その足し算の方法が、①積み合わせによって積載率を高めたり、②空車走行距離をできるだけなくすように実車率を高めたり、③１日に車両を何回転もさせるように回転率を高めたり、つまり３率を高める荷主＝荷物の組み合わせに他なりません。

また費用＋αとしましたが、これは3率を高めるためにα分だけコストが増えることを意味します。このαを可能な限り変動費だけにできれば、利益率は向上します。車両は増やさないで、法的に許容される労働時間の範囲内で、運ぶ荷物を増やすということです。たとえば、空で帰ってきていた車両なら、帰り荷を確保した方がよいわけですが、帰り荷を積み込むところまでの移動にかかる燃費が増えますし、ドライバーの残業代も増えます。それでも利益率は高くなるようにするわけです。

3率のうちの何を優先的に高めるようにすればよいかは、現在行っている仕事の内容によって違ってきます。したがって、3率のうちの何を増やすようにするかが各社の営業戦略、小規模事業者なら経営戦略になります。

しかし、生産性を向上するにはどのようにしたらよいか、そのための戦略は、などと大上段に構えると心理的なハードルが高くなってしまいます。そこで、生産性向上といったことよりも、どうしたらより儲かるようになるかと、功利的、実利的な考え方をした方が肩の荷が軽くなります。するとちょっとした工夫で、生産性を向上する方法がたくさんあることが分かってきます。トラック運送事業において生産性向上へのアプローチは、意外かもしれませんが多様なのです。

たとえば営業戦略ということでいえば、第一次産業が主な地方でいかに生産性を上げるかという課題に取り組んだ事業者がいます。この事業者は大手スーパーのドライ商品を片荷輸送しているウイング車に、取り外し可能なスタンションを取り付けることで原木も運べるようにしました。普通、原木はグラップルやクレーンを搭載した専用車で運ばれています。ですが専用車では汎用性がありませんから、ほとんどが片荷輸送で採算性がよくありません。さらにドライバー不足などから原木輸送専用車が減少していて、トラック不足になっています。にもかかわらずなぜ専用車にしているのかといいますと、荷役のためです。ところがこの事業者が調べてみたら、出荷場にも荷受場にもフォークローダーがありますから、専用車でなくても荷役が可能なことが分かりました。そこで、ウイング車の一部を改良することで原木も運べるようにし、往復実車を実現したのです。これによって運賃収入が増加し、往復の高速道路利用のコスト負担が可能になって労働時間も短縮できました。

これは実車率を高めて生産性を向上した典型的なケースです。

長距離・中距離・短距離別に3率を向上させるポイント

次に積載率、実車率、回転率のうち、何に重点を置けばよいかを一般論としてみることにしましょう。ただしあくまで一般論であり、各社の現状によって異なることはいうまでもありません。

まず、長距離輸送では、積載率と実車率をどう高めるかがポイントです。特定荷主の長距離輸送で定期定時運行している場合でも、積載率が100%とは限りません。平均的な積載率を調べ、そのデータに基づいて、小さな荷物を積み合わせることも不可能ではありません。あるいは、同じ荷主の工場と物流拠点間を定期定時で幹線輸送していて積載率は100％という場合では、積載率を高めることは無理です。しかし、工場と物流拠点間で社内書類などをやり取りしていることもあります。それを宅配便やメール便でやり取りしているとしますと、たとえば1通100円＋消費税で請けて、助手席に乗せていけば売上が増えます。それなら変動費も増えません。ドライバーに1通50円の手当を出せばモチベーションアップが図れ、社員満足度も向上しますし、利益も増えます。

長距離輸送においては、帰り荷の確保は利益率を大きく左右します。定期定時で長距離輸送をしているような場合、すでにコンスタントな帰り荷を確保しているでしょうが、スポット的な長距離輸送でも帰り荷を確保して実車率を高めることが重要で、生産性向上になります。

なお、少し横道にそれますが、今まで一般的に考えられていた実車率に対する考え方も再検討する必要があります。これまでは、行きも帰りも荷物を積んでいれば、実車率100％と考えるのが普通でした。しかし、たとえば行きの走行時間が高速を利用して4時間だったとします。帰りも高速を利用して走行時間は4時間で、往復共に実車走行です。しかし、帰り荷を積むまでに4時間の待機時間があったとしますと、時間換算では実車率は12時間分の8時間で66・6％という計算になります。労働時間と賃金については後で述べますが、ここでは実車率の計算にも時間という概念が必要であることを指摘しておきます。さらに、時間換算では66・6％の実車率でも、生産性向上という観点からは、そこに運賃という要素も加えなければなりません。たとえば行きの運賃が適正な運賃だったとしても、

実車率の考え方

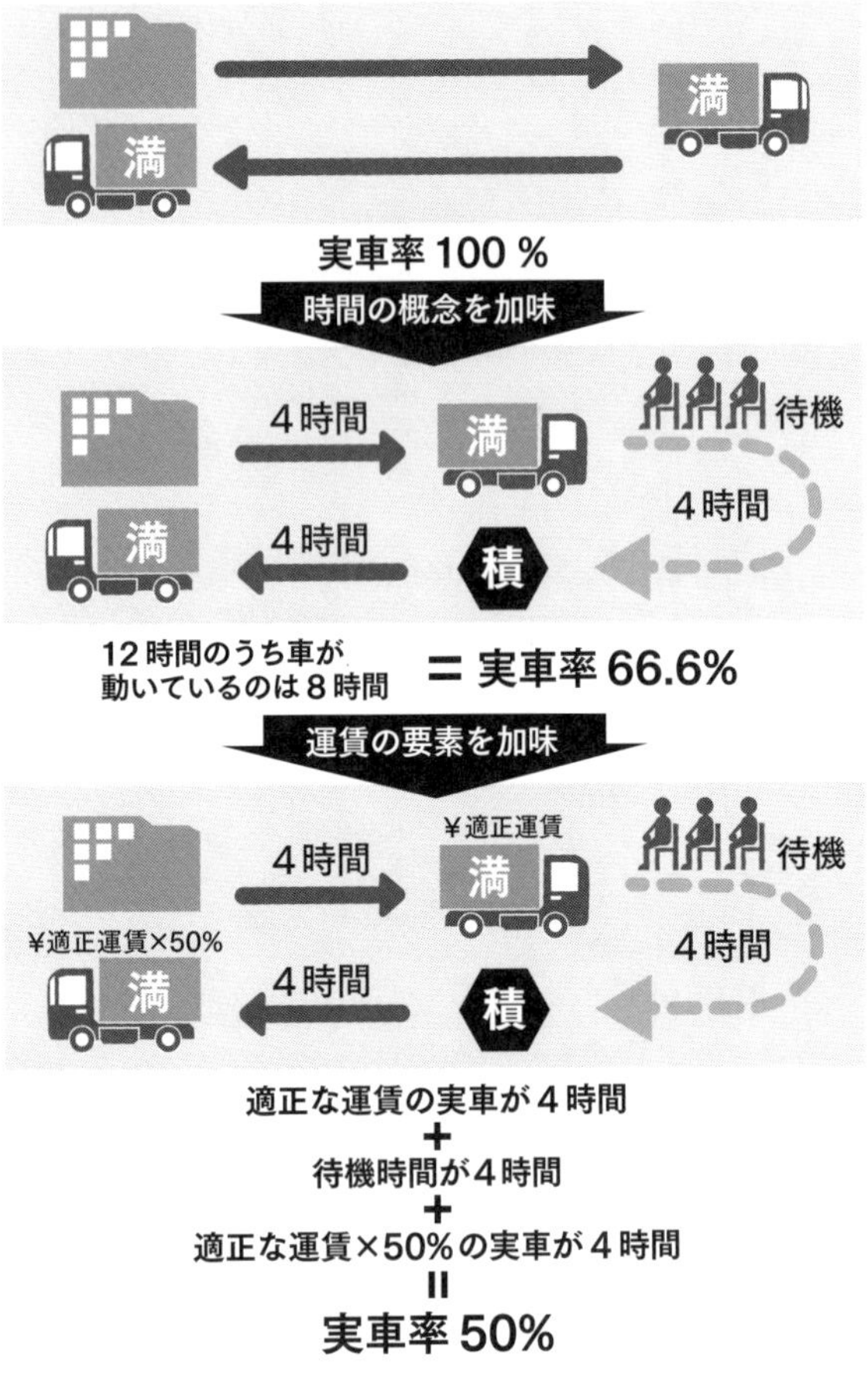
満
満
実車率 100 %
時間の概念を加味
4 時間
満
待機
4 時間
満
4 時間
積
12 時間のうち車が
動いているのは 8 時間
= 実車率 66.6%
運賃の要素を加味
4 時間
¥適正運賃
満
待機
¥適正運賃×50%
4 時間
満
4 時間
積
適正な運賃の実車が 4 時間
+
待機時間が 4 時間
+
適正な運賃×50% の実車が 4 時間
=
実車率 50%

帰りの運賃が適正な運賃の50％だったとします。すると、時間と金額（収入）を含めて計算した1日12時間の実車率は50％にしかなりません。つまり、生産性という観点から実車率を見る場合、時間や運賃収入という要素も加えた指標を各社が持たなければなりません。

次に中距離輸送における生産性向上では、積載率の他に、実車率と回転率のどちらを優先するかという判断が必要になります。現在行っている業務内容によって異なってきますが、帰り荷があるからといって積み込み場所までの移動距離や時間、あるいは積み込みまでの待ち時間が長ければ、空車で帰ってきて近場の仕事をもう1回転した方が収益性が高いこともあります。そのため実車率を優先するのか、回転率を重視した方がよいかを判断して選択することが必要になります。

最後に、近距離輸送では積載率と回転率を高めるようにすると生産性向上につながります。しかし場合によっては積載率を下げても回転率を重視した方が生産性が向上するケースもあります。

車両大型化やトレーラ化で積載量を増加

運送業務で生産性を向上するためには3率の向上が必要ですが、それに加えてもうひとつは積載量を増やすことです。積載率ではなく積載量です。これは車両の大型化やトレーラ化です。1度に運べる量を増やすことで運賃収入に対するコストを相対的に削減します。車両を大型化すれば車両の償却費などは増えますし、ドライバーの賃金も高くなりますが、その増加分を超える割合で運賃収入が増えれば、コストは相対的に減少したことになりますから、利益率が上がり、生産性が向上します。荷主に対しては輸送効率化を図るという提案になります。しかし、実車率や回転率の向上が伴うことが前提になります。

２０１５年３月には道路運送車両法（道路運送車両の保安基準）と道路法（車両の通行の許可の手続き等を定める省令）の一部が改正されました。その概要は、①バン型等セミトレーラをけん引するトラクタの駆動軸重を10ｔから11・５ｔへ引き上げ、②バン型等セミトレーラをけん引するトラクタの輪荷重を５ｔから５・75ｔに引き上げ、③バン型等セミトレーラの車両総重量の上限を36ｔへ引き上げ、④前記の①と③より特例８車種のセミトレーラと２軸エアサストラクタの連結車両総重量の上限の見直し、⑤バン型等セミトレーラの長さ（連結装置から車両後端までの長さ）を12ｍから13ｍに引き上げ、⑥バン型等セミトレーラ連結車の全長を17ｍから18ｍに引き上げ、などです。[3]

このような緩和措置にいち早く対応したある事業者は、それまで大型車で行っていた幹線輸送の一部に、さっそく新基準トレーラを投入しました。そして、ほぼ中間地点にある営業所を中継基地化して労働時間の短縮も実現しました。中継輸送や労働時間短縮については後述しますので、ここでは積載量増加による生産性向上という点からみますと、これまで大型車では16パレット（１×１）しか積めなかったのですが24パレット積めるようになりました。単純計算で1・5倍、つまり50％の生産性向上です。また同社では、スタンダードなトレーラでは22パレットだったので、２パレット多く積めるようになったとしています。

トレーラ輸送を主に行っているある事業者は、大型車からトレーラ化への転換を推進しています。これは同社の営業戦略でもあります。同社によると、たとえば飲料水などは大型車では積載量が20パレットですが、トレーラなら26パレット積載できるので30％の効率化になり、さらに新基準トレーラなら30パレットの積載が可能としています。先の事業者と同様、単純計算では50％の生産性向上です。

このようにロットのまとまった長距離の荷物では、車両の大型化で積載率ではなく積載量を増やすことも生産性向上の方策のひとつです。新車両の導入など設備投資が伴いますが、第1章でみた生産性向上のパターン3で、固定費の増加が伴うタイプの生産性向上といえます。

また、ドライバー不足などへの対応としても車両大型化（あるいはトレーラ化）による積載量の増加は有効です。

自車両から傭車への転換が有効なケース

3率の中の実車率ですが、実車走行距離の向上にこだわったために、ドライバーの拘束時間や労働時間が延びてしまい、コンプライアンス上の問題が発生してしまうようなケースがあります。このような場合には、往復の荷物をセットで傭車に出してしまう方がよいこともあります。

たとえば、事業所（A地点）を出発したトラックが納品先（B地点）に納品します。従来は、帰り荷がなくそのまま帰ってきました。労働時間は法令の範囲内に収まっていましたが、片荷輸送ですからそれに相応した運賃収入しかありません。生産性を向上するためには帰り荷の確保が必要です。そこで帰り荷の開拓に努めました。その結果、納品先の近くのB地点から事業所のあるA地点までの帰り荷を新規開拓できました。これで往復の荷物が確保できたので、往復とも実車走行になり実車率が高くなります。運賃も往復で収受できるようになりました。

ところが新たな問題が発生しました。納品先のB地点で納品を終えてから、ドライバーが所定の休憩（距離などの条件によっては休息）を取って、帰り荷の出荷地点からすぐに積み込みができて出発できれば、法令の許容範囲内の労働時間でA地点に帰ってくることができます。しかしB地点で所定の休憩（あるいは休息）を取ってもまだ帰り荷の積み込みまでに時間がかかるような場合は、帰り荷を積んで帰ってきたのでは拘束時間をオーバーしてしまうのです。一方、B地点からの帰り荷の出発時間が遅いために、A地点では逆に、帰り荷を納品してから事業所に戻ると、休息時間を取ってすぐに、その他の待ち時間などの無駄な時間がほとんどなく翌日の行きの荷物を積んで出発できる条件にあります。

つまり、A地点を出発地、B地点を到着地として運行を組み立てると拘束時間や労働時間が順守できませんが、発想を転換してB地点を「出発地」、A地点を「到着地」として入れ替えれば、往復実車で労働時間などのコンプライアンスも問題ないことになります。つまり、B地点に営業所をおいて、B営業所所属のドライバーと車両で運行すれば、生産性の高い理想的なオペレーションになるのです。

ですが、この事業者にはB地点に営業所を置くだけの余裕がありません。ではどうすればよいでしょうか。ここでもさらに発想を転換して、往復の荷物をセットにしてB地方の事業者に委託すれば、下請けの仕事とはいえ、B地方の事業者にとっては車両の効率的な稼働となって、生産性の高い運行ができることになります。

A地点の事業者は、復往（傭車先にとっては往復）の荷物をセットで外注化し、その分のドライバーと車両を別の業務に投入するようにすれば、A地点の事業者にとってもB地方の事業者にとっても生産性の向上になり、ウィン・ウィンになります。このようなウィン・ウィンの関係を、単なる斡旋や傭車ではなく、本来のアライアンスといいます。

バッファーとしての高速道路利用で車両回転率を向上

生産性を向上するためには、インフラを最大限活用するということも必要です。たとえば高速道路の利用です。高速道路を利用する1番の理由は、おそらくリードタイムの短縮でしょう。高速道路を走行しなければ、納品指定時間までに到着することができない。だから高速道路を利用するわけです。

また、最近はドライバーの労働時間や拘束時間の厳守が厳しく求められるようになり、一部の事業者は労働時間短縮のために高速道路を利用するようにもなってきました。法令順守を理由とする高速道路の利用です。

さらに今後は、生産性向上という面からも高速道路をいかに有効に活用するかを考えることも必要になってきます。たとえば、これまで開通していなかった区間で高速道路が開通したような場合には、それによって生産性を向上することも可能になります。といっても自動的に生産性が向上するわけではありません。自社の運行形態の条件に応じた工夫が必要です。

たとえば、ある区間だけまだ開通していなかった高速道路が開通しました。ある事業者は、高速道路の開通を安全弁と位置づけ、時間的なアローワンスができたと受け止めました。それによって車両の回転数を向上するようなオペレーションが可能になる、という認識です。

この事業者は、ある県の県庁所在地の郊外に事業所があり、地元の荷物を隣の県の県庁所在地の郊外にまで貸切定期便で運んでいます。距離は片道約150km、往復で約300kmです。この間を、主要な一般国道で輸送していました。

できれば車両を2回転させたかったのですが、1回転しかしていませんでした。帰着時間や積み込み出発時間などの関係で、2回転目の仕事が難しかったからです。一般国道だけでは1回転目と2回転目の仕事の接続が時間的に若干オーバーラップしたり、ギリギリで間に合ったとしても道路渋滞などのリスクを考慮すると、トラックをもう1台投入せざるを得ませんでした。

しかし、高速道路の開通で、一般国道を使った運行経路の他に高速道路をバッファー（緩衝装置＝う回路）にすることで、1台のトラックで2回転を可能にしました。高速利用料金（コスト）の関係から通常は一般国道を基本にして運行しますが、道路渋滞などから所要時間を判断して、高速道路を う回路として利用することを考えたのです。高速道路を所要時間の調整弁として利用することで、車 両の回転数を高め生産性の向上を図るということです。

一般国道がスムースに流れていれば高速道路は使わずにギリギリで2回転が可能です。ですが一般 道で渋滞などがあれば高速道路をう回路とすることで2回転できるようにしました。もちろん高速道 路を使った場合には高速料金の支払いが発生しますが、トータルでみれば生産性が向上します。

先に運送業務で高い利益率の事業者の運賃構造について書きましたが、「+α」のコスト増があっ ても「+低運賃」をひとつ増やすという「公式」に当てはまります。

高速道路の開通や利用料金の変更などは、トラック運送事業者にとって経営の外部条件の変化です。 その外部条件の変化に適応した内部条件にすることで、生産性の向上につなげようとする発想と行動 が重要です。

単車同士の連結で幹線輸送のコストダウンを図る生産性向上

トラック運送業において、生産性向上を目指すアプローチは多様です。同じトラック運送事業者と いっても、実際にやっている業務内容は各社各様に違うことは周知のとおりです。ですから、どのよ うに生産性を向上させるかも各社各様に異なってきます。

そのような生産性向上への取り組みのひとつに、単車同士を連結して幹線輸送を行うという方法があります。

ある事業者は建材などを長距離輸送で建設現場に運んでいますが、納品現場の道路事情などから大型車では入れず、ひとつの現場に4t車2台で運ぶようなことがあります。そこで幹線輸送は4t車を2台連結して運行し、現場の近くで連結を解除して4t車2台に切り離して納品します。

単車の連結部分を簡単に説明しますと、前車両（けん引車両）の後部が凹状にできていて、後車両（被けん引車両）の前部が凸状になっています。連結する時は後車両をドライバーが操作してジョイントします。ベルマウス式で前が受ける形、後が入れる形になっているのです。

被けん引車両の前のバンパー部は連結部分が収納できるようになっていて、単車で走行する時には、連結部分をバンパーに収納します。連結する時は、バンパーの中央部分を取り外し、収納している連結部分を出します。被けん引車両の連結部分を連結可能な状態にして、被けん引車両をドライバーが操縦してけん引車両の連結部分に合わせて連結するのです。連結時は自動ロックで、ドライバーは確認すればよくなっています。また、連結を解除する時は手動で行います。

完全に連結できると被けん引車両の後部バンパー部分が、普通の単車の状態から、「全長18mにつき追越注意」という普通の被けん引車の後部と同じ状態に自動的に切り替わります（連結を解除すると逆）。また、被けん引車両には走行時の安全確認のためにトレーラ用のバックアイ・カメラを付けています。

被けん引車両は、連結したらサイドブレーキを外し、ギアをニュートラルにします。また後輪のハブをフリーにして、ミッションが回らないようにします。フリーの状態にすると、タイヤだけが回るようになります。ハブをフリーにしたりロックしたりする操作は、アウターキャップの部分をねじるだけでよくなっています。なお、連結での走行時には、被けん引車両のハンドルは無人で、けん引車両のハンドル操作に連動して自動的に左右に回っているので、見ていると不思議な感じがします。

けん引車両は新車で制作して許可を取らなければなりませんが、被けん引車両は既存の車両を改造申請しても可能なようです。

けん引車両の長さと被けん引車両の長さは、連結部分を含めて連結した状態で全長18ｍです。このけん引車両と被けん引車両の組み合わせは、車両の使い方にもよりますが、前後の車両の大きさが同じ条件のほうがよいそうです。全長の制約からけん引車両、被けん引車両とも4ｔ車クラスの組み合せが一般的ですが、積み荷によってはけん引車両のパワー不足もありえますから、8ｔベースで車両全長が4ｔ車クラスの車両との組み合わせなども考えられます。ただし全長規制が緩和されるに伴い、これらの条件は変わってくるでしょう。要はどのような荷物を積んで、どのような運行をするかです。

もちろん、連結時の運転はけん引免許を持っているドライバーが1人です。しかし、普通のトレーラとシャーシの連結とは異なるために、運転に慣れるまでは多少の訓練が必要なようです。実際に乗務しているドライバーの1人に、普通のトレーラの運転との一番の違いを聞きましたら「カーブでの運転が違う」という話でした。

なおこの事業者の場合、運賃は基本的には4t車を基準にした車建て2台分で契約しています。高速道路利用料金はけん引料金になります。燃費は、2台が単独で走る場合の燃料消費と比べますと、連結走行では全体で34~35%の燃費削減になります。連結走行時には被けん引車両は燃料を必要としないからです。ただし反対にけん引車両は単独走行時よりも燃費が悪くなります。

このように単車同士の連結は、輸送効率の向上、CO_2排出削減、燃費削減、長距離ドライバー不足への対策など、生産性向上につながります。一方で、車両のイニシャル・コストは高くなりますし、車両の耐用期間やタイヤの交換サイクルも、けん引車と被けん引車では違ってきます。したがって、荷主とどのような契約にするのか、どのような運行形態なのか、けん引車両・被けん引車両トータルのライフサイクル・コストはどうなるかなどを検討して、生産性向上が図れるかどうかを判断することが必要です。

コンテナをボディとして使用して回転率を向上

一般のトラック運送事業者も、運行形態によってはモーダルシフトなどを考える必要があります。要は、どうすれば輸送の効率化が図れて生産性を向上できるか、ということです。

たとえば5tコンテナにして、幹線輸送を鉄道にモーダルシフトするような場合、コンテナで運ぶ荷物が往復イーブンで確保できないと、復路は空のコンテナを回収するだけなのに鉄道会社に運賃を払うことになってしまいます。たしかに往路については、自社のトラックあるいは傭車で運ぶよりも、鉄道輸送にした方が生産性が上がるかもしれません。しかし、復路は空のコンテナを鉄道で運んでもらっていたのでは、トータルで見ると生産性向上どころか、反対に生産性が低下することにもなりかねません。

そこである事業者は、5tコンテナを車両のボディ代わりに使うことを考えました。

A地点からB地点までの幹線輸送は鉄道利用が効率よく、5tコンテナ10基分をコンスタントに出荷できます。しかし、B地点からA地点には5tコンテナ5基分の荷物しかコンスタントに確保できず、5tコンテナ5基は空で鉄道輸送して回収するしかありません。

ですが、B地点からC地点には5tコンテナ3基分の荷物がコンスタントに行っています。また、C地点からA地点までも5tコンテナ3基分の荷物があります。

そこでこの事業者のB営業所では、A地点から鉄道で運ばれてきて帰り荷のない5tコンテナをボディ代わりにして、トラックでB地点からC地点まで運びます。さらにC営業所では、5tコンテナをボディ代わりにしてC地点からA地点までの荷物を運びます。

そのほかB営業所からE営業所まで5tコンテナ2基をボディ代わりにして運び、E地点からはA

地点までは5tコンテナ2基を鉄道貨物で運ぶといった組み合わせなどもあります。

ただしこのようなことができるのは、一定の規模の事業者になります。5tコンテナの鉄道輸送だけでなく、5tコンテナをボディ代わりにしたトラックとドライバー、そして荷物の動きを総合的に、ラウンドで効率的にオペレーションできるノウハウも必要になります。

ストック＋スルー＋ハブ＆スポークの荷物を組み合わせた高付加価値運送

何度もいうように、トラック運送業務で生産性向上を図る方法は各社各様でいろいろあります。そのような中で、少し複雑なシステムを構築しているケースをみることにします。

たとえば、ストックとスルーの荷物を積み合せて配送することで配送効率を高め、生産性を向上するような仕組みはさほど珍しくありません。しかし、そこにハブ＆スポークの荷物も組み込んだ事業者がいます。

この事業者は様々な運送の仕事をしていますが、その中のひとつは次のような仕組みになっています。毎日夕方には、大型車で翌日に配送する荷物がこの事業者の倉庫に運ばれてきます。それを配送コースごとに仕分けて配送します。これがスルーの荷物です。さらに、倉庫で保管していて毎日のオーダーに基づいてピッキングし、翌日配送する荷物を積み合せます。これがストックの荷物です。ここまでなら同じような仕組みで積み合わせ配送している事業者は結構います。

ストック＋スルー＋ハブ＆スポークの仕組み

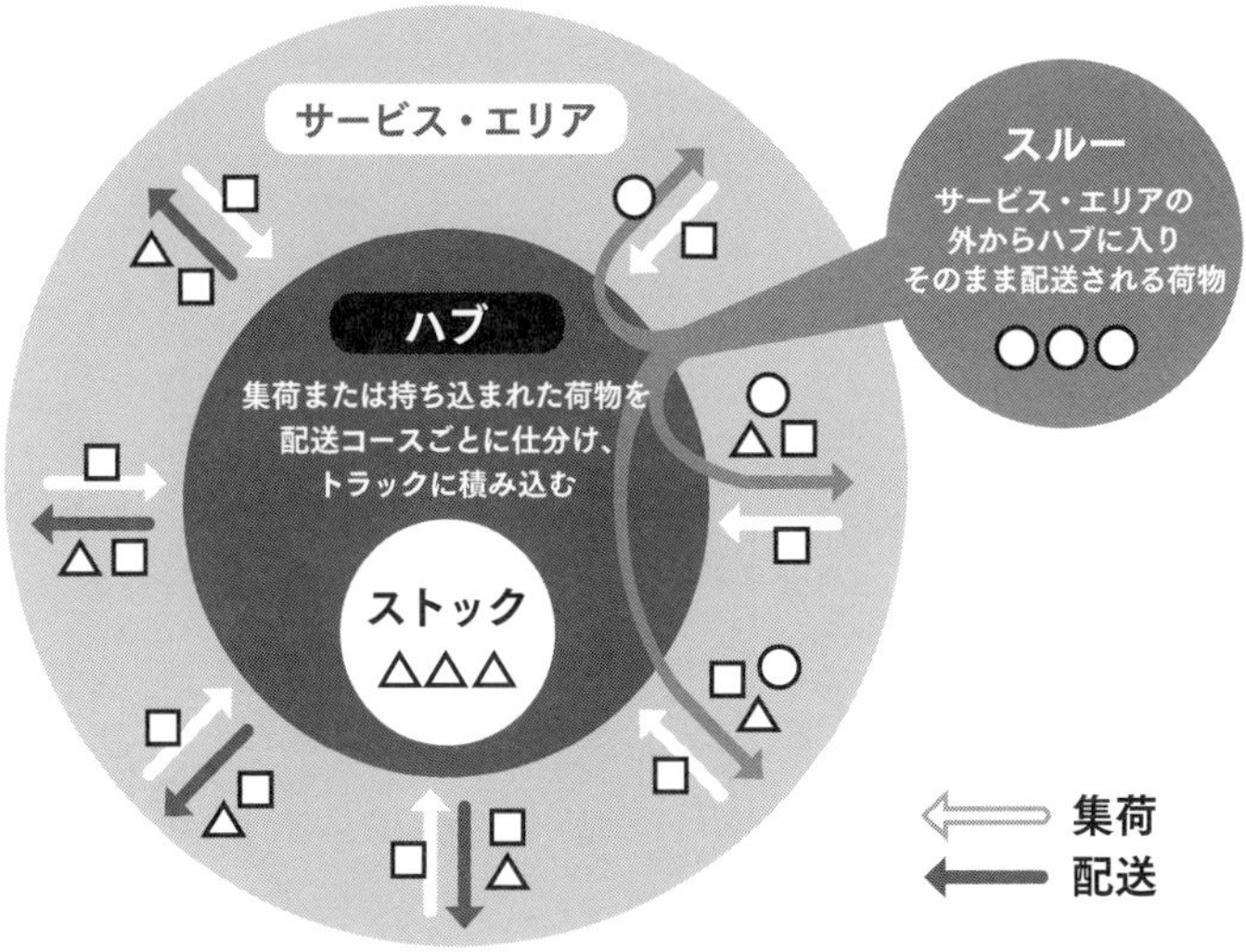

ですがこのケースでは、さらに別の荷物も積み合わせて配送します。この事業者は、その倉庫をハブにしてハブ＆スポーク方式のサービスもしています。そのハブ＆スポークの荷物も積み合せて配送コースを組むのです。

さらに配送車が配送業務をしている間に、ハブ＆スポークの集荷依頼が入ってきます。翌日配送する荷物の集荷オーダーです。配送業務を終えた配送車両は、その荷物を集荷しながら倉庫に帰ってくるという仕組みです。

当然、生産性は高くなります。この事業者はそれ以外にもいろいろな輸送をしていますが、コンスタントに純利益率５％台を出しています。

このようにみてきますと、運送業務だけでも生産性を向上する方法は多様なことが分かります。要は、楽をして同じ収入を得るにはどうするか、あるいは同じ労力でより多い収入を得るにはどうするか、そのために少しだけ工夫すればよいわけです。

いわば「怠け者の論理」が効率化であり、生産性向上につながります。

下請け事業者か実運送専業者か

ここまでは運送業務における生産性向上について、荷主と直接契約していることを前提に話を進めてきました。もちろん、全部の荷物を荷主から直接請けて事業展開することが一番よいのですが、実際には同業者から荷物を斡旋してもらうような契約もあります。往きの荷物は荷主との直接契約で、帰りの荷物を同業者に斡旋してもらうというのが最も一般的なパターンではないでしょうか。

そこで帰り荷を同業者から斡旋してもらうような場合を想定して、運送業務における生産性向上を考えてみましょう（なお、必ずしも同業者から斡旋された帰り荷でなく、自社で荷主と直接契約している帰り荷でも当てはまる考え方です）。

都内に本社のある運送会社の経営者が面白い調査をしました。川崎市にある同社の営業所は、日用雑貨の大手荷主の仕事をしています。川崎を起点として東北、中京、北陸、関西への拠点間幹線輸送が主たる業務です。大型車（増トン車）またはトレーラの箱車かウィング車で、積込み日の翌日納品です。同社はこれらの長距離幹線輸送を、それぞれの地方から首都圏に荷物を運んできたトラックの帰り荷として、協力会社に委託しています。

それらの協力会社のドライバーにアンケート方式で独自に調査した結果、必ずしも自社の所在地に帰り荷として積んで帰るとは限らない、ということが分かりました。そして、自社の所在地に帰らないトラックの運行形態も、いくつかのタイプにパターン化できました。

たとえば東北方面では仙台に運ぶことが多いのですが、宮城県の事業者よりも隣の山形県の事業者が積んで帰るケースが多いようです。川崎から仙台に積んで戻り、さらに仙台からは地元の山形県内に行く別の荷物を積んで帰るというパターンのようです。

中京への荷物も愛知県の事業者だけではなく、静岡県の事業者の車両が意外に多いことが分かりました。川崎から自社の所在地を超えて中京に運び、中京から地元の静岡に別の荷物を積んで帰るという運行です。

関西への荷物では、中国地方など関西以西の事業者が積んで帰るケースが多いようです。川崎から関西まで運び、関西で別の荷物を積んで関西以西の地元に帰るという運行形態です[4]。

つまり帰り荷でも、①直接地元に積んで帰る、②帰り荷の納品地からさらに別の荷物を積んで地元に帰る（これは山形の事業者、静岡の事業者、関西以西の事業者のように、さらにいくつかのパターンに分類できる）というタイプに分けることができます。

これらは、ドライバーの労働時間（休息や休憩その他を含む）と運行管理（点呼や安全管理など）

など、法令順守の枠内で、ドライバーと車両と荷物をどのように組み合わせれば、最大効果が得られる効率的なオペレーションになるかを考えた運行ということになります。先にみたように往きの荷物が中距離輸送なのか長距離輸送なのか、あるいは往きの荷物の納品時間と帰り荷の積み込み時間といった諸条件の下で、法令を順守して可能な限り生産性を向上する工夫と努力です。もちろん、帰り荷を積んでまっすぐ地元に帰るのがベストということもあります。

業務を委託している実運送事業者をあからさまに「下請け業者」と呼ぶのは憚られるので、「協力会社」と表現しているというのが大方の本音でしょう。下請けという言葉から受ける印象は、一般論としてあまりよくありません。しかし、同業者から荷物を斡旋してもらう場合でも、ここで紹介したような生産性の高い車両のオペレーション・ノウハウを持った事業者なら、一般的なニュアンスの「下請け」ではなく「実運送専業者」と呼ぶに相応しくなります。

そうなると元請け下請けという「上下関係」ではなく、荷物を出す事業者と、それを運ぶ実運送専門の事業者という「水平分業」になってきます。単なる下請け事業者では生産性が低いですが、実運送専業者なら生産性を向上することができます。

アライアンスによる生産性向上

荷物を出す事業者とその荷物を運ぶ事業者も、元請け、下請けという「上下関係」ではなく、「水平分業」の形になれば、お互いに生産性が向上します。そのような関係をさらに進めれば、業務提携、資本提携、経営統合、企業合併などに発展する可能性もあります。資本提携や経営統合、企業合併はともかく、業務提携は生産性向上を実現するための方策のひとつです。

世界的な大企業同士でも、競争に勝ち残るためにはお互いに手を組んでより強くなろうと行動する時代です。まして中小事業者では、1社単独で対応するのが難しい場面も今後はでてきます。そのような時には、お互いの経営資源を活かしあうことで、設備投資をしなくてもより大きな仕事が可能になるようなことを考えなければなりません。

このように戦略的な業務提携であるアライアンスは生産性を向上するための選択肢のひとつですが、実際にはなかなか難しい面もあります。総論では賛成であっても、各論になると反対になるからです。総論賛成各論反対の1番の理由は、アライアンス・メンバー間で既得権益を侵食し合うことになるからです。逆にいえば、そのような関係にならない組み合わせがよいことを意味します。ヤマト運輸を中心に特積み事業者がアライアンスを構築している「JIT BOXチャーター便」などはその典型です。

また、物流企業のアライアンスでは、財務内容などの定量的な分析だけでなく、どのような業務内容の企業同士なのかという定性的な分析も不可欠です。

たとえば北陸地方の事業者1社と北関東の事業者2社の3事業者で締結した業務提携の目的は、共通する荷物の輸送で、お互いの経営資源を有効に活用することです。北陸から関東に建材を運んでいる事業者は、複数箇所降ろしになるので、関東に来てからが非効率です。そこで、提携先に持ち込んで現場配送を委託し、帰り荷を積んですぐに帰ったり、あるいは提携先に半分の荷物を委託し、半分はその提携事業者の荷物と積み合せて現場納品をしたりするケースもあります。その他、車両と荷物の様々な組み合わせがあります。空パレットの回収も、提携先にストックしておいて帰り荷がない時にまとめて積んで帰ったりしています。北関東の事業者も北陸への荷物は提携事業者との間で、収益性を高めるようなオペレーションを実現しています。これはエリア型のアライアンスといえるでしょう。[5]

四国地方の事業者2社もアライアンスを締結しています。この両社は同じ県内で所在地は比較的近いのですが、荷物の流れでみると川上物流と川下物流の事業者の組み合わせです。サプライチェーン型のアライアンスと呼べるでしょう。1社は建材の工場からの拠点輸送を主に行っており、もう1社は住宅メーカーの資材のデポ機能と現場への配送、さらに施工も行っています。提携によって工場から施工現場までの一貫業務が可能になり、新規開拓に結び付けることができます。現場から排出される廃材も回収して中間処理し、建材の原材料として再利用できるものはメーカーの工場に納品するというリバース型の業務も2社の連携で行っています。このアライアンスは、当面は業務提携を深め、将来は役員の兼務や資本提携なども視野においているようです。

いずれにしても中小事業者の勝ち残り戦略として、アライアンスによる生産性向上はひとつの選択肢です。

2 物流センター業務における生産性向上

ア 施設という資産から付加価値を生む

固定資産としての意識

次に物流センター業務における生産性向上を考えることにします。

先にも触れましたが、トラック運送業と倉庫業の両方を行っている会社は結構あります。そしてそれらは倉庫業からスタートしてトラック運送業に参入してきた事業者と、トラック運送業から始まって倉庫業にも進出した事業者に大別することができます。

この出自の違いで得意とするノウハウに違いがみられます。違いといってもかなり高いレベルにおける差ですから、一見しただけではなかなか分かりません。倉庫業から出発した事業者は、倉庫あるいは物流センターといった施設自体から付加価値を生み出すことが習性として身についています。それに対して運送業から倉庫業や物流センター運営に入ってきた事業者では、施設は車両のオペレーション効率を高めるための手段という意識があります。

営業倉庫は償却や税制も違いますので、ここでは施設という場合に物流センターを前提にしますが、物流センターは施設であり資産ですからそれ自体からも付加価値を生み出さなければなりません。車両オペレーションを効率化するための手段としてだけではもったいないからです。

そこでここでは、「施設という資産から付加価値を生む」という項目をあえて設けました。物流センター業務における生産性向上というと、センター内の作業効率の向上が頭に浮かびます。もちろん作業効率の向上は重要ですが、往々にして忘れられがちな物流センターという施設＝資産からも付加価値を生み出すことの重要性を強調したいためです。

それは固定資産としての意識を持たなければならないということです。施設にはもちろん固定資産税がかかります。何にも使用していない土地があって、毎年、固定資産税を払っているとすれば、誰でも無駄な出費でもったいないと感じるでしょう。それと同様に、物流センターという資産ももう一度、よく見直してみることが必要です。

すると無駄をなくす、換言すると施設を有効に活用するための様々なアイディアが浮かんでくるはずです。たとえば、物流センターの中で遊んでいるスペースがある場合、何ら価値を生み出さずに償却費と税金がかかっていると考えれば、何とかしないと無駄だということになるでしょう。これは24時間いつも空いているスペースということではありません。それなら誰でも無駄に気づきます。そうではなく1日のうちでもある時間帯は空いているようなスペースという意味です。

施設稼働率の平準化による経営資源の有効活用

取材で訪ねた会社で、物流センターを案内してもらい、実際の現場をみることがよくあります。ここではスルー型の物流センターとします。すると業務内容は単純化すると入庫受付作業、仕分け検品作業、出荷積み込み作業の3つに大きく分類できます。

このうち入庫受付に作業が集中する時間帯があります。荷受けのバースには納品にきた大型車がずらりと並び、荷卸しをしています。さらに納品にきたトラックがたくさん並んで順番を待っています。荷受けのスペースもフォークリフトがあわただしく動き回っています。納品時間が集中しているからです。

しかし、そのあわただしい時間帯が過ぎると、入庫受付のバースにはトラックがいなくなり、荷受けするスペースもガランとして誰もいません。

その時間帯は、仕分け検品の作業スペースが混雑しています。さらに、その時間帯が過ぎると、今度は出荷場が忙しくなります。輸送・配送に出発するトラックへの積み込みです。その時間帯は荷受け場も、仕分け場も閑散としています。

このように荷受け作業場、仕分け検品作業場、出荷積み込み作業場と、時間帯ごとに繁閑の波が移動していきます。物流センターの床面積を、分かりやすく990㎡（300坪）と仮定しますと、常に稼働しているのは3分の1の面積で、残りの660㎡（200坪）はいつも遊んでいることになります。その間にも償却費や固定資産税がかかっています。

最も理想的なのは、入庫受付作業、仕分け検品作業、出荷積み込み作業のいずれの作業も24時間平均して行われている状態です。すると、物流センターの990㎡（300坪）のスペースも24時間有効に付加価値を生み出していることになります。

このような発想に基づいて、24時間平準的に稼働する物流センター運営を目指している事業者がいます。単に24時間稼働というのなら、そんなに珍しくはありませんが、センター内業務全体が24時間平準的に行われている物流センターはそんなにありません。

そのような物流センター運営を実現するポイントは、入庫受付作業、仕分け検品作業、出荷積み込み作業の時間帯が異なる複数の取引先を組み合わせることです。ですが、そんなに都合のよい荷主はなかなかありません。

まず、出荷の時間ですが、これは1日何回かの時間帯に集中します。これは止むを得ません。物流センターから出荷してからの納品時間が決まっているからです。したがって出荷の時間が1日何回かに集中するのは仕方ないですが、出荷できるように準備しておく作業なら前もってやっておくことができます。これは、その前工程、すなわち仕分け検品作業でも同じです。前倒しして作業を完了しておくことは可能だからです。

すると一番のポイントは納入時間帯＝入庫受付作業（荷受け）が一定時間帯だけに集中しないようにすることです。24時間コンスタントに荷受けするようにできれば、その後の工程である仕分け検品、出荷積み込み準備の作業は、全体の仕事の流れをみながら都合のよい時間帯に当てはめることができるようになります。そのために荷受け時間、すなわち納品車の到着時間を前倒しします。するとその後の作業時間にアローワンスが生じます。

このように24時間平準的に稼働する物流センターの運営を目指している事業者の営業のポイントは、荷主がサプライヤーに発注する締め切り時間をどれだけ前倒しできるかであり、それによって物流センターへの納品車両の到着時間を前にシフトし、荷受け作業の時間帯を平準化できるようにすることです。これは、納品車両の待機時間の解消にもつながります。

営業的には、どの時間帯に納品車両が到着するように発注の締め切り時間を前倒ししてもらえるか、という交渉になります。発注締め時間を早めることで、センター内作業の平準化が図れ、コストがこれだけ下がるから何％で契約できます、という営業です。

以上が、物流センターという設備をフルに稼働することで付加価値を生みだして生産性を向上する発想です。

ストックとスルーの組み合わせ

運送業務の生産性向上のところで、ストックの荷物とスルーの荷物だけでなく、さらにハブ&スポークの荷物も積み合わせて運ぶ事例を紹介しました。ここでは、物流センターの資産価値を高めて生産性を向上するという観点から、スルーとストックの荷物の組み合わせをみることにしましょう。

先にみたようにスルー型の物流センターでは入庫受付作業、仕分け検品作業、出荷積み込み作業の3つが基本的な作業になっています。さらに、物流センターにストック機能を持たせることで、施設により大きな付加価値を付けることができます。

スルー型の物流センターでは、通過する荷物の量によって収入が変動します。季節変動もありますが、荷主の業績による変動もあります。その点、ストックの荷物は収入が固定的で、計算しやすいという面を持っています。その月の最低の収入をある程度は予測できるからです。

このように物流センターの資産価値という面からみると、スルーの荷物とストックの荷物を組み合わせた方が、生産性が向上することになります。

作業的な面では、出荷オーダーを受けて伝票を作成し、ピッキング・仕分け・検品をして、スルーの荷物の仕分け・検品の流れと合流させます。そこで、資産価値の向上というだけではなく、配送業務の効率化という面からも生産性を向上できます。積み合わせ配送による生産性向上です。

普通の物流センターとは異なりますが、中ロット以上の荷物を対象にストック機能を持たせた物流センターで天井にクレーンを備え、特殊な荷物のストックを可能にしているような事業者がいます。重量物ではありませんが、特殊な荷物なのでトレーラや大型車、4t車などで運ばれてきますが、クレーンがないと荷卸しできません。一時ストックして出荷する時の積み込みも同様です。そこで、天井クレーンを備えた物流センターに一時ストックを委託するということになります。

この事業者のケースでは、天井クレーンを使った荷卸し、荷積みともトレーラ、大型車、4t車それぞれに荷役料を決めていて、保管料金以外にも荷役料金を合わせて収受していますので、生産性が高い物流センターということができます。

このようにストックとスルーの荷物の組み合わせといっても、小売店の店舗に配送するような荷物だけではなく、様々な荷物が想定できます。それぞれの事業内容によって、物流センターの資産として付加価値を高める方法はいろいろ考えられます。

保管スペースの「積み合わせ」的発想

今度は保管スペースでも「積み合わせ」的な発想によって施設としての付加価値を高めることを考えましょう。どちらかといえば一時ストック的な荷物を想定します。物流センターというより倉庫と考えた方が分かりやすいかもしれません。

これは、比較的多くの事業者が実際にやっていることですが、季節波動などが異なる荷物（荷主）を上手に組み合わせることによって、有限のスペースの効率を向上するという考え方です。

典型的なケースをみましょう。分かりやすく床面積が３３００㎡（１０００坪）とします。１棟を全部契約する荷主がいれば契約期間中は営業活動をしなくて済みますし、固定した収入が約束されています。しかし、坪単価に換算すると安い相場での契約になってしまうでしょう。それよりも、営業コストはかかっても契約面積の少ない多数の荷主の荷物を扱った方が坪単価は高くできます。

少し話がそれますが、個人や小規模企業でネット通販を主として商売しているようなクライアントの場合、坪単価はかなり高く設定できます。このような事業者は、ネット通販向けのフルフィルメントの物流サービスを提供しているのですが、施設の坪単価だけを見ても高額になっています。[6]

話を戻すと、一定面積を必要としている荷主（荷物）でも組み合わせることができます。

ある事業者は、仮に３３００㎡（１０００坪）の倉庫の場合でも、３３０㎡（１００坪）や１６５㎡（50坪）ぐらいずつ細かく貸しています。その方が坪単価にすると高く契約できるからです。

さらに、３３０㎡（１００坪）で契約している荷主でも、いつも荷物が満杯とは限りません。たとえば季節などによっては半分の１６５㎡（50坪）分しか荷物がない場合があります。そのような時には、空いている１６５㎡（50坪）のスペースに他の荷主の荷物を一時的に預かることも可能です。

倉庫（あるいは物流センター）のスペースをトラックの荷台に例えるならば、倉庫の「積み合わせ」

ということができます。「貸切」契約よりも営業的には大変ですが、このように倉庫も積み合わせにすると生産性が向上します。

ある事業者は季節波動のある荷物（荷主）の組み合わせだけでなく、輸入販売している小売業の荷物も上手に組み込んだりしています。商品を輸入販売している小売業では船が入った時にはたくさんの保管スペースが必要になりますが、次の仕入れまでの間は、少しずつ必要なスペースが少なくなっていくので、そこに他の荷主の一時的な荷物を組み込むのです。

イ 作業効率を向上させる

作業動線とレイアウトの再考

いくつかの事業者の改善サークルの発表会に同席することがあります。輸送や配送を担当しているドライバーで構成するサークルもありますが、物流センターの作業改善ではパートタイム労働者（パート）の人たちが作業の主力ですから、メンバーがパートだけの改善サークルがほとんどです。物流センター作業で改善に取り組んで成果をあげている発表などを聞いていますと、物流センター内での作業における生産性向上には、大きく3つのポイントがあるように思います。

ひとつ目は作業員1人ひとりの動きです。これには働いている人たち自身の動き方（作業動線）と、作業環境（条件）すなわち商品を保管する棚のレイアウトや出荷頻度に応じた収納場所の設定という、2つの要素が関係しています。2つ目は、時間帯に応じて適正人数を適正作業に配置する仕組み、3つ目は梱包やその他に使用する資材などの無駄をなくすようなスキルの向上です。

まず、作業動線とレイアウトからみることにしましょう。

ピッキングの効率化を図る場合、よくあるのはストップウォッチで1人ひとりの作業時間を図って現状把握する取り組みです。10人のパートの人がピッキング作業に就いている職場なら、それぞれが作業時間を6分ずつ短縮できれば全体では1日に1時間の時間短縮になります。時給が1000円とすると1カ月20日稼働でも2万円の人件費削減です。365日稼働の物流センターなら1カ月3万円、1年で36万円の削減になります。

そこで、同じアイテム数で同じ数の商品をピッキングするにも、どれだけ作業時間を短縮できるかという取り組みになるわけです。その際に重要なことは、1人ひとりの動きの差という個人の問題よりも、商品を収納している棚のレイアウトや、どこにどのような商品が収納されているか、という作業条件の要因が大きいという点です。

これもよくあることですが、出荷頻度に応じて商品をABCなどに分類し、出荷頻度の高い商品は近くに置くことで作業動線を短くします。ピッキング頻度の高い商品は何度も取りに行くわけですから、近くにあった方が動く距離が短くてすみ、所要時間が短縮されます。

出荷頻度に応じた商品の分類

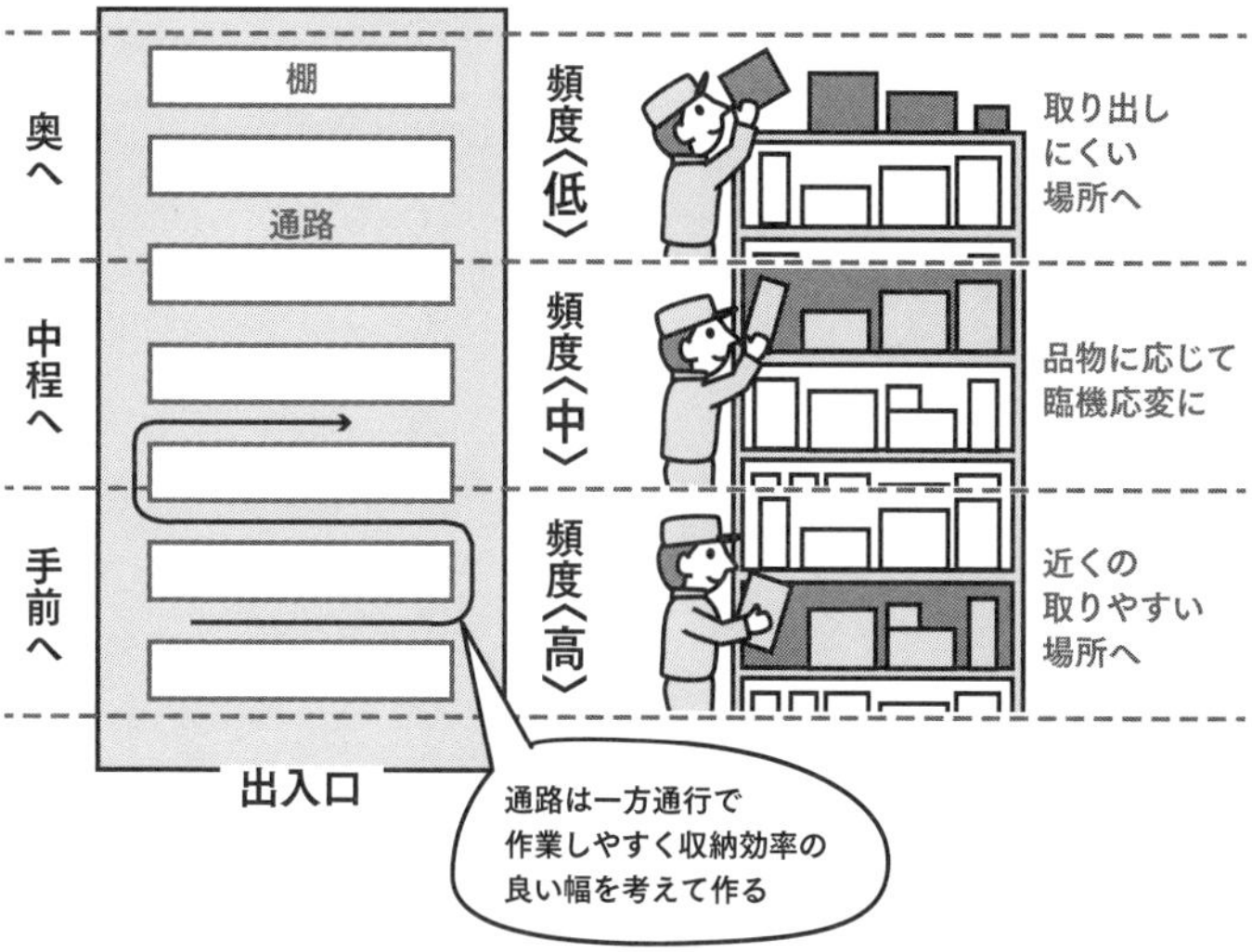

さらに棚のどの高さに置くかも重要な要素になります。高い位置ですと手を伸ばさなければなりませんし、低い位置では腰を屈めないとピッキングできません。これは作業時間に関係すると同時に、作業者の疲労にも関わってきます。疲労を軽減した方が作業動作も早くなり、作業時間の短縮にもなります。

また、カートの大きさと通路の幅の関係なども検討することが必要です。作業がしやすい通路の幅と、床面積全体の収納効率の関係などです。なお、たいていは2人の作業者が通路ですれ違ったりすることがないように、一方通行でピッキングできるように出荷伝票も工夫されているようです。

このような作業動線の短縮化は、ピッキング作業だけではなく商品の収納作業などでも工夫が必要です。これは日本国内ではありませんが、フォークリフトを動態管理して作業動線のデータを分析し、生産性を向上しようとしている事業者がアメリカにはいます。フォークリフトにGPSが搭載されているだけではなく、庫内の壁と天井に2次元バーコードが貼られていて、パレットに載った荷物のバーコードをフォークリフトのセンサーで読み込むと、その荷物はどの位置に移動するかが自動的に示される仕組みです。このようなシステムをみると、ある一定の条件下であれば、フォークリフト作業の無人化も実現性が現実味をおびてくることを感じます。

ジャスト・イン・タイムでの人員配置

次は2つ目の、時間帯に応じて適正人数を適正作業に配置する仕組みです。一般には人時生産性と呼ばれています。

これは、ジャスト・イン・タイムに他なりません。ジャスト・イン・タイムと聞くと、条件反射的に嫌悪感を抱く人も業界にはいます。荷主から納品時間が指定されて、ジャスト・イン・タイムで納品しないとペナルティが課される、といったことが当然のようになっているからでしょう。つまり、ジャスト・イン・タイムという言葉には、よい印象を持っていない人が多いのです。

それはそれとして、ジャスト・イン・タイム的な発想や仕組みは自らの生産性向上にも活用すべきです。

小売業の中には店頭の販売員（非正規雇用労働者）の給料を15分単位で計算するような会社もあるようです。こうなると「時給」ではなく「分給」といった方がよいかもしれません。また、それがよいかどうかは一概にいえませんが、少なくともこの小売業では15分単位で必要な人数を必要な店舗に配置しているということを表しています。これはまさにジャスト・イン・タイムに他なりません。

物流センターではパートの人たちが主力になっています。また、機械化が難しく、現状では人力に頼る作業も多くあります。遠い将来は分かりませんが、当面の間はピッキングなどには人の力が必要で、ロボット化はなかなか難しいのではないでしょうか。

そうすると、適正な人員配置が重要になってきます。必要な時間帯に、必要な作業工程に、必要な人員を配置することが重要です。これはジャスト・イン・タイムそのものです。

たとえば午前9時から10時までの1時間、ある作業工程Aに5人が必要だとします。この時間帯に次の作業工程Bは比較的作業量が少なく3人で大丈夫だったとします。そして、次の10時から11時の1時間には先の作業工程Aは3人ですみ、次の作業工程Bでは5人が必要だったとすると、前の作業工程Aから2人が後の作業工程Bにシフトすればよいわけです。

しかし、ジャスト・イン・タイムの人員配置ができないと、10時から11時の時間帯も前の作業工程Aには5人がそのままいて比較的のんびりと作業をしています。また後工程Bは10時からの勤務のパートの人が2人加わって5人で作業をしています。5人いないと作業が消化できないからです。このような状態ですと、かりに時給が１０００円とした場合には、10時から11時の1時間に、本来必要な人件費よりも２０００円多く支払うことになり、それだけ生産性が劣ることになります。

それでは、ジャスト・イン・タイムの人員配置はどのようにすればよいでしょうか。

荷主によって物流センターの仕事の内容も違いますが、朝8時から作業開始としますと、最初のころはどの作業工程でも仕事量に差はありません。したがって、最初に配置された人員で、どの工程の作業量も平準化しています。しかし、時間の経過とともに作業工程ごとの仕事量に差が生じてきます。そこで、作業量が少なくなった工程から、作業量が増えた工程に必要な人数をシフトすることが必要になってきます。そのためには複数の作業工程ができるようにすることも必要です。

ある事業者では朝礼は事務連絡的な内容ですが、午後の作業開始前に行う昼礼の時に各作業工程の仕事の進捗状況などの把握と、それに応じた人員の再配置をしています。

もっと細かく適正人員の配置をしている物流センターもあります。

先に24時間平均的に稼働する物流センター運営について述べましたが、そのような物流センターの社員の大きな仕事は、1時間単位で必要な作業工程に必要な人員を配置することです（人員の確保や手配も含めて）。24時間平均的に稼働するといっても、完ぺきではありませんから、時間帯によって作業工程ごとに多少の繁閑の差が生じるためです。

資材使用量の平準化は作業者スキルのバロメーター

取材で物流センターを案内してもらうことがよくあります。その時、何をみるかですが、働いている人たちの足の動きを観察するようにしています。

たとえば野球でも「名選手にファインプレイは少ない」などといいます。普通の選手なら間一髪でボールに飛びついて、ギリギリでアウトにすればファインプレイと称賛されます。ですが、名選手はそのようなきわどいボールでも、余裕を持ってさばいてしまうから素人目にはファインプレイにみえないのです。このような優れた選手は足の運びに無駄がありません。バッターが打った瞬間に、どのコースにどのようなボールが飛んでくるかを瞬時に予測し、その位置に体が移動しますから余裕をもってさばけるのです。このような名選手は、足の運びに無駄がないのです。

これは野球選手に限りません。優れた選手ほど動きに無駄がないのは、どんなスポーツにも共通しています。分かりやすいたとえをするなら、ゴルフは一番スイング数の少ない（無駄な動作が少ない）プレイヤーが優勝します。

ですから、物流センターで働いている人たちの足の動きをみれば、その事業者の現場力のレベルが推測できます。これは現場で働いている人たちだけではなく、事務所で働いている人たちも同じです。それだけではなく、電話をかければその応対で会社や従業員のレベルがだいたい分かりますが、それについての記述はここでは割愛します。

話を戻すと、ある物流センターでピッカーとして働いているパートの人たちは、作業処理個数と所要時間につき、分単位で改善に取り組んでいます。短縮できた時間を自分たちの人件費に換算すると年間で何万円の生産性向上、といった取り組みです。

物流センターで働いている人たちのスキルという点では、梱包などに使用する資材のわずかな差がコストの差になってきます。分かりやすい例を挙げれば、商品を入れた段ボールの梱包にガムテープを使います。このガムテープを切る長さでもスキルの差が出ます。梱包ですから中の商品を保護するために必要な最小限の長さは必要です。しかし、必要以上に長く切っていないか。長さがバラバラではないか、といったスキルの差もコストの差として生産性を左右します。

このように梱包に使うガムテープを、パートの作業者全員が必要最小限の長さに切れるようになる取り組みで、資材費を年間で何万円か削減し、生産性を向上したという例もあります。反対に必要以上にガムテープを長く切って使っていれば、積もり積もってコスト増になっていることを意味しています。1回1回の作業では僅かな差かもしれませんが、1日に何千個、何万個も梱包すれば結構な使用量の差になってきます。

生産性の高い事業者では、梱包作業に従事しているパートの人たちの改善サークルが、このようなムダな資材の使用をなくしたり、資材使用でも平準化に取り組んだりしています。これは作業者である自分たち自身のスキルアップへの挑戦でもありますが、同時に、生産性向上への取り組みでもあります。

3 物流センター業務と配送業務の連動による生産性向上

物流センターという施設の資産価値を活かすことや、物流センター内作業での生産性向上をみてきましたが、今度は物流センター業務と配送業務の連携でいかに生産性の向上を図るかをみることにします。

パターン・メイド化を図る

これは物流センターの付加価値を高めることにも共通するのですが、物流センター運営においても配送業務においても、生産性を向上するキーワードはパターン・メイドです。オーダー・メイドやレディ・メイドは説明するまでもありませんが、いわばその中間がパターン・メイドです。[7]

専用センターといわれる物流センターは特定荷主の物流業務しか請けていませんから、センター内の作業の流れや輸配送も、その荷主の求める仕組みになっています。これはオーダー・メイドの物流サービスです。それに対して、レディ・メイドの物流センターはクロスドック・センターなどが該当します。特別積み合わせや宅配便のターミナルは、不特定多数の荷主の荷物を取り扱いますのでレディ・メイドのサービスを提供している典型的な物流施設といってよいでしょう。

そこでパターン・メイドの物流センターですが、これは複数の荷主の物流業務を請ける物流センターです。ただし、複数の荷主の物流業務をそれぞれバラバラに請けているだけでは、複数のオーダー・メイドのサービスを同じ場所で行っているだけですから、パターン・メイドのサービスとはいえません。

パターン・メイドのサービスとは、同じようなフローの複数の荷主の共同センターにすることで、ある作業部分などの共通化によって生産性を向上するようなタイプをいいます。施設が共通なだけではなく、ある作業工程は時間をずらせば同じ作業パターンで複数の荷主の荷物を捌くことができれば、効率的な作業人員の配置などによって生産性を向上することができます。先にみた24時間平準的に稼働している物流センターなどはその最たるものです。あるいは、納品先が同じならば、複数の荷主の作業を一緒に進めることも可能です。

施設だけでなく作業工程も共通化できる部分は共同化して作業効率を高め、荷主によって異なる部分はカスタマイズしたサービスを組み合わせることで、それぞれの荷主ニーズに対応します。一方、事業者側はコストダウンや作業の効率性を高めることで生産性の向上が図れます。

自動車には様々な車種がありますが、それぞれの車種ごとに全部、違う部品を使うのではなく、共通部品によってコストダウンや生産性向上を図るのと同じ発想と考えれば分かりやすいと思います。

ひとつの荷主の物流センターでは、契約の内容次第で利益率も決まってきます。そこで同じようなフローの複数の荷主を物流センターに取り込んで、庫内作業などで共通する部分を組み合わせれば、作業コストの削減が図れますから、生産性の高いビジネスモデルを自社が主導権を持って構築できます。

ある事業者はローカル・スーパー5社の共同物流センターを運営しています。このローカル・スーパーは同一県内にありますが、主たる営業エリアが異なるので店舗の分布がさほど重複していません（ごく一部は重複）。そこで共同物流センターを、ローカル・スーパー5社がナショナル・スーパーに対抗するための戦略的拠点に位置づけています。

たとえば定番商品なら、5社のうちで一番安く仕入れているスーパーに仕入れを集中します。それだけでも他の4社にとっては仕入れ価格が下がることになりますが、5社分の数量になればバイイングパワーが増して、より安く仕入れられるようになります。あるいはPB商品なら、メンバーの1社で売れているPB商品を5社共通のPB商品にします。その他、5社共通の商品なら、どこか1社の在庫がなくなっても事業者の裁量で物流センター内で相互融通できますから、トータル在庫の削減にもなります。

これなどは典型的なパターン・メイド型の物流センターといえ、事業者の生産性も向上します。

配送車両のオペレーションによる生産性向上

パターン・メイド化ということでは、配送車両のオペレーションでも同じようなことがいえます。

特定荷主の専属的な配送車両ではなく、同じトラックを複数の荷主の配送車両として稼働させることができれば、コストダウンになって生産性が向上します。

これは積み合わせによる共同配送だけではありません。もちろん、納品先が同じなら複数の荷主の荷物を積み合わせて配送することができますが、これは一般的な共同配送です。

ここでは車両のオペレーションによる生産性向上という面からみましょう。

ひとつの物流センターで2つの荷主の在庫管理や配送業務を受託しているとしましょう。この荷主2社のセンター内業務をバラバラに、つまりオーダー・メイドでサービスを行っているとしますと、配送車両もそれだけ必要になります。たとえば荷主A社の配送に2t車10台が必要とします。同じように荷主B社の配送にも2t車5台が必要とします。

2つの荷主の配送業務をバラバラに行っていると、2t車が15台必要です。ドライバーも当然15人必要です。

ところが、荷主A社とB社の配送時間帯が違うとします。あるいは、荷主Aも荷主Bも配送車両の出発時間を若干ずらすだけで、配送時間帯が被らないとします。たとえば荷主Aと交渉して出発時間を早め、納品時間を前にシフトすることが可能ならその分だけ車両が早く戻ってくることができます。反対に荷主Bには出発時間を少し遅くして納品時間を後ろにシフトしてもらえたとします。

そうすると、配送車両の2t車は10台あれば、荷主A社と荷主B社の両方の配送ができることになります。ドライバーについては10人というわけにはいきませんが、勤務のローテションから毎日交代で2人は連続勤務にしても労働時間規制などをクリアできるとすれば、ドライバーは13人で2つの荷主の配送ができることになります。

すると、配送車両が2t車15台と15人のドライバーが必要だった仕事を、今度は配送車両10台と13人のドライバーでできることになります。もちろん、こんなに都合よくいくとは限りませんが、そのような方向を計画的、意識的に目指すことが重要です。

たくさんの荷主を持って、ドライバーとトラックと荷物と時間を上手に組み合わせれば、より生産性の高い事業形態にステップ・アップすることも可能です。車両の稼働効率を高くできるような配車のノウハウは必要ですが、荷主（荷物）とトラックとドライバーが多ければ多いほど、いくつもの組み合わせが可能になってバリエーションが増え、豊富なパターン化が可能になるからです。そのようなパターン・メイド化による生産性向上を視野に入れて、戦略的に荷主を開拓している事業者もいます。

店舗配送車両の「帰荷」開拓とセンター作業の効率化

物流センターから店舗などへの配送では、ほとんどが片荷輸送です。物流センターから配送コースごとに商品を積んで出発し、最後の店舗に納品が終わったら物流センターに戻るというパターンです。たいていは前日の納品に使用した空のカーゴテナーを積んで帰ってきます。折り畳み式のカーゴテナーなら帰りのトラックの荷台には空スペースができます。ここに荷物を積んで帰ることができれば、生産性を向上させることができます。また、折り畳み式のカーゴテナーでなくても、ちょっとした工夫をすれば帰荷を積んで帰ることは可能です。

中堅規模の食品スーパーの物流センター運営と店舗配送をしている事業者は、配送車両が配送を終了して物流センターに帰ってくる時に、何か積んで帰れる荷物はないかと考えました。地元に積んで帰る荷物でもかまいませんが、自社が運営を受託している物流センターに積んでくる荷物なら理想的です。燃料代などコストの＋α分も最小に抑えることができますから、こんな効率的なことはありません。

荷主である食品スーパーは、たくさんのベンダーから商品を仕入れています。この事業者はかなり広域で店舗配送していますから、それらの配送コースの近くに、荷主に納品しているベンダーが何社かあります。配送コースからかなり離れたところにあるベンダーでは集荷効率が劣りますので、配送コースからあまり離れていないところにあるベンダーが対象です。

これらのベンダーは、毎日、取引先であるスーパーのオーダーに基づいてこの事業者が業務を受託している物流センターに商品を納品しています。そのために、別のトラック運送事業者に納品の仕事を委託しています。ですが、店舗配送が終了して物流センターに戻る車両に積んで持ち帰ってもらえるのなら、ベンダーの側の物流コストも安く済みます。配送事業者からすると車両の稼働効率が上がり、生産性が向上するわけです。

ベンダーから物流センターに納品される商品もカーゴテナーで運ばれるのなら、配送店舗から持ち帰るカーゴテナーをベンダーに預け、そのカーゴテナーで納品するような仕組みにすれば、折り畳み式のカーゴテナーでなくてもトラックの荷台の積載スペースの問題は解決します。

このようにして、この事業者は配送車両の配送コースの近くのベンダーの荷物を開拓しました。店舗配送の業務が終了してから集荷に回るようになったので、ドライバーの労働時間は多少長くなりましたが、法令に抵触することはありません。燃料費などの変動コストも少しは増えましたが、売上はそれ以上に増えました。

さらに物流センター内の作業にも相乗効果が出ました。配送車のドライバーは、ベンダーからの帰荷を積んで物流センターに戻りますが、その車両は所定の場所に止めておきます。あとは点呼を受けるなどして仕事を終了します。

一方、物流センターで納品受付などの作業をしている人たちは、納品車両が集中する時間帯を過ぎてから（あるいはバースが空いたタイミングで）、帰荷を積んで帰った自分の会社の配送車をバースに移動して納品受付作業を行います。

こうすると自社の配送車で積んで帰った商品は、納品受付作業の平準化につながります。また、納品に来る他社のトラックの待機時間の短縮にも寄与します。

配送コースの削減と配送コースの増加

配送コースの見直しも重要です。納品先の件数が同じで納品する商品の数量も同じなら、配送コースを再編して少なくした方が利口です。運賃収入は同じで配送車両を削減できますから、生産性は向上します。また、ドライバーが交代で休めるようにすれば労働時間の短縮になります。運賃収入は同じですから賃金水準も維持できます。

そうはいっても、納品時間の指定もあるのに配送コースを減らすことなど不可能だ、と受け止める方が多いと思われます。しかし、納品件数が増えても配送コースを減らし、全配送車両の1日の走行距離も短縮した事業者がいます。

もちろん納品先の中には時間指定のある店舗も含まれています。荷主とのゲインシェアリング（成果配分）というデリケートな部分があるために詳しくは書けないのですが、荷主は複数の問屋です。共同配送の納品先は複数のFC系列のコンビニエンスストア（CV）店舗と一般店（専門店とスーパー店舗の両方）です。複数の荷主との契約はセンター管理・運営と配送など、通過した商品の重量建て料金となっています。

この事業者では配送コース全体を一気に削減するのではなく、毎年、配送エリアの中のある地区に絞り込んで取り組みます。たとえば全部で20コースある場合に、その中の隣接する4コースを3コースに減らせないか、といったように取り組むのです。このようにして長年にわたって配送コースの再編、削減を進めてきた成果は、20コース→19コース→18コース→16コース→15コースです。

配送コース削減に取り組む前提としては、①安全・確実で品質第一、②顧客に迷惑を絶対にかけない、③コース変更を簡単に間違いなくできるようにする、ことです。そのためには、納品場所、納品時間、マナー、駐車位置など、誰が配送に行っても同じようにできるようにしなければなりません。そこで、あらかじめ配送コースの交代制を導入して、全ドライバーが複数のコースの配送ができるようにします。目安としては1人が3コース以上です。すなわち、マルチ・ドライバー化です。

同時に、顧客との折衝を進めなければなりません。荷主は複数の問屋ですが、納品先も複数のFC系列のCV店舗、一般店（専門店やスーパー）です。CV店舗は納品時間指定がありますし、一般店でも時間指定のある店とない店があります。

納品時間変更の了承を得るためには、CVなら荷主（問屋）を通してフランチャイザーの協力を得て、さらにフランチャイジーの了解が必要になります。しかも複数系列のCVですから、これだけでも半年ぐらいの時間が必要です。

納品時間の変更について全部のCVから了承を得た段階から、具体的に配送コースの変更に着手しました。ここからの移行期間が大きなポイントです。まだ了承を得ていない一般店舗には従来通りの納品時間で配送し、納品時間変更の了承を得た店舗には新しい納品時間で配送するようにします。この移行期間は逆に配送車両が多くなったりすることもあるようです。また作業も一時的に複雑になります。そのために、この期間はドライバーがマルチ・ドライバー化されていないと、顧客に迷惑をかけずに均質なサービスを提供することができません。

配送コースの組み替えでは、CV店舗の集約→一般店のコースへの組み込み→近隣地区のコースへの振り分け、という手順で行います。まず、指定納品時間に基づいてCV店舗への配送を集約します。CV店舗の配送が終了した後には、時間指定のある一般店舗を先にコースに組み込みます。

先述したように16コースから15コースに削減した年には、全体の配送店舗数は743件から763件に増えています。その中で配送コース数を16から15に削減しましたから配送車両数も16台から15台に減りました。全配送車両の1日の走行距離も1701kmから1683kmに18kmほど短縮しています。使用する燃料もそれだけ少なくてすみます。納品先の件数が増えて取扱商品も増えていますから、収入は増加しました。ドライバーは交代勤務で労働時間を短縮し、賃金を上げる原資も増えたことになります。つまり生産性が向上したのです。

なお、この事業者では配送コース削減を「縮小」ととらえています。現場の取り組みというレベルではよいことですが、経営的な観点でみると「拡大」していかなければなりません。そこで、次の段階の取り組みとしては、共同配送できる商品（荷主）を新規開拓して増やし、配送コースを逆に増やすようにしていくことが重要という認識です。すると、より生産性を向上することができるという考えです。

3 トラック運送事業の普遍的課題と生産性

トラック運送事業者にとって普遍的ともいえる課題があります。それは安全と環境です。安全は、いうまでもなく交通事故、労災事故、貨物事故などを起こさないことです。また、環境は、車両からNO_xやCO_2などの排出を少なくしたり、梱包資材などの廃棄物を減らしたりなどといった取り組みです。安全にしても環境にしてもトラック運送事業においては避けることのできないテーマです。つまり、安全と環境は普遍的課題なのです。

これら安全や環境は法令で規制されることもあります。ですが、規制されるから対応するという受け身の姿勢ではなく、安全や環境対策に積極的に取り組むことが、経営的にも生産性の向上につながるというポジティブな発想が必要です。つまり、安全や環境といった普遍的課題も市場原理として取り組むことです。

ところで、安全と環境という2つの課題への取り組みで優れている事業者を取材しますと、ある共通点がみられます。安全あるいは環境のどちらかひとつを徹底的に追求している事業者は、もうひとつの課題でも相乗的に効果が出ている、ということです。「二兎を追う者は一兎も得ず」という諺がありますが、それに通じるところがあるのかもしれません。

安全なら安全を徹底的に追求すると、環境面でも優れた効果が出ます。反対に、環境対策を徹底的に追求すると安全面でも成果が得られるのです。安全運転は基本に忠実な運転であり、省エネ運転にも通じます。また、省エネ運転を追求すると、やはり基本に忠実な安全運転にもなるのです。安全の追求で事故が減少すれば、補償金や修理費などの支出の減少はもとより、損害保険のかけ率もよくなります。同時に、管理者が事後処理などに費やす非生産的な時間も必要なくなります。

では安全面と環境面のどちらに絞り込んで徹底的に追求すればよいのでしょうか。これは、一般論としてどちらがよいと判断できるものではありません。各事業者が自社の現状などから判断すべきものです。

そこでここでは安全、環境というトラック運送事業者の普遍的課題への取り組みが生産性の向上にいかにつながるかという観点からみることにします。まずは交通事故防止への取り組みからにしましょう。

1 安全の追求は生産性向上

人間の努力をサポートする安全関連機器

交通安全への取り組みでは、どの事業者でも実施しているのがドライバーへの安全教育です。しかし、ドライバーの努力だけでは限界があります。事故防止に取り組んで優れた成果をあげている事業者を分析すると、まず①経営者の安全に対する認識のレベルが高いこと、次に②経営者の認識が社内的に共有されていること、③安全意識の具現化として安全確保のための社内体制が構築されていること、などの共通点がみられます。

これらが前提にあって初めて、現場における安全への取り組みの段階となります。現場での取り組みには大きく2つあります。ひとつはドライバー教育などの体制の確立や制度化です。この教育・育成には①安全意識の喚起と向上、②安全運転技能を高めるための訓練があります。もうひとつは、安全機器の導入です。人間の努力には限界がありますし、完ぺきということは不可能です。そこで人間の努力をサポートするのが安全関連機器です。

ドライバーを教育・訓練すれば、それだけで事故が減るわけではありません。同じように、安全関連機器を導入すれば、それだけで自動的に事故が減るというものでもありません。人間の努力とそれをサポートするのが安全関連機器です。

また、安全関連機器は導入しているだけではなく、どのように活用するかが重要です。データを収集し、そのデータを分析してドライバーの努力がより有効になるように活用します。

これらが全体として機能することで事故削減につながります。

安全関連機器をいかに有効に活用するか

安全関連機器に限らず環境関連機器もそうですが（両者は連動していることが多い）、法令などで導入を決められているから導入する、という受け止め方では少しでも安い機器の方がよい、という発想になってきます。仕事上で必要のない費用は安い方がよいに決まっています。

ですが、安全でも環境でも機器を上手に活用している事業者をみると、「費用」ではなく「投資」と認識しています。設備投資ですから投資した金額以上の利益（あるいは便益など）を得ているのです。したがって、投資に対するリターンとの関係で投資金額を考えますから、単に安ければよいというものではなく、目的を満たす機能などを基準に機種を選ぶことになります。つまり、先に機器の使用（利用・活用）目的がないといけません。そのうえで、投資対効果で判断することになります。その機器を導入することで、どれだけ生産性を向上できるかです。

そこで使途目的ということになりますが、ここでは安全との関わりで具体的な例をもとにみることにしましょう。

ある事業者は、ドライバーの安全会議の時に各人が遭遇したヒヤリハットなどについて話し合います。ただヒヤリハットの経験を出し合うだけではなく、ヒヤリハットの内容を絞り込みます。たとえば自転車です。最近は自転車に乗った人が予測不可能（自分本位の非常識）な動きをします。そこで自転車とのヒヤリハットに絞り込んで経験を出し合うとします。

皆で出し合った自転車のヒヤリハット経験を、いくつかの動きにパターン化します。そしてパターン化された自転車の動きを、社内の駐車場などで再現してみてドライブレコーダーに収録します。それを編集してＤＶＤに収め、次の安全会議の時に皆で見ます。そして、自転車がこのような動きをした場合、自分なら事故を防ぐためにこのように対応する、といった意見を出し合います。

だれもが事故防止のために自分ではベストの対応をしていると考えているはずです。しかし、誰々君の対応の方がよいかもしれない、といった気づきがあるかもしれません。運転していて咄嗟に事故防止の対応をする場合、おそらく「正解」はないでしょう。すべて結果オーライということにならざるを得ないでしょう。

余談ですが、最近は「ポケモンＧＯ」のプレーヤーの行動も要注意です。筆者はけっこう真面目に「製造物責任法」ならぬ、「『拡張現実』提供責任法」が必要と思っています。事故を起こす可能性は思いの外、高いとみています。

いずれにしても、0・0何秒という判断の差が分かれ道になってしまいます。すると、頭の中でシミュレーションできているかどうかが大きな差になります。そのためのドライブレコーダーの活用です。ドライブレコーダーでいえば、運転の上手なドライバーの1日を録画し、DVDに編集するようなケースもあります。そのDVDを皆で見て、運転の仕方が自分とどう違うのかを視覚的に学ぶわけです。右折や左折、車線変更その他、運転のうまい人はどのようにしているかを視覚的に学ぶのです。反対に新人の1日を収録して編集し、運転上の問題点などを指導しているようなケースもあります。あるいはGPSを活用して、あらかじめデータ入力してあるヒヤリハット地点の何m手前になると自動的に警報が鳴り、さらにドライブレコーダーが作動するようにしている事業者もいます。

その他、安全関連機器を様々に有効活用している事業者がいます。重要なのはいかに有効に活用するかであり、活用次第では生産性の向上につながるということです。そのためには投資対効果という考え方が必要になります。

安全にはアナログ（メンタル面）も重要

このように安全関連機器を有効に活用することは重要です。ドライブレコーダーその他の安全関連機器は、有効活用の度合いは別として、どの事業者でも導入しているものと思います。またデジタルでデータ収集もしているはずです。もちろんデジタル管理は重要です。十分に活用して人間の努力をサポートするために有効に活用すべきです。

しかし一方では、事故防止などはデジタル管理だけでは十分ではないという認識も必要です。人間の努力にはメンタル面が大きな要素を占めています。仕事に取り組む姿勢やモチベーションなど、心理的な面が安全には大きく影響します。職場の人間関係など、泥臭いアナログな部分も大きな要素なのです。

ある事業者は法令で定められたことは全部順守しています。また、始業時や終業時の運行管理者の点呼などとは別に、経営者も出発前には可能な限り声をかけ、また帰社時にも話を聞くようにしてきました。それでも時々、大きな事故を起こしてしまっていました。

ある時から、事務所ではなく、ドライバーの休憩室に経営者や運行管理者が行って、ドライバーと雑談をするようにしました。正式な業務連絡や伝達などとは違う、プライベートな会話といえるでしょう。すると事故が無くなりました。

この経営者は、従来もコミュニケーションをとるように努力していたのですが、それは「しょせんカウンター越しの会話だった」と気づいたのです。

また、メンタル面でいいますと、どんな人でも同じレベルの安全意識を持続させるのは難しいものです。たとえば、安全教育を行ったその時は、誰でも安全に注意して運転しようと思うはずです。つまり安全意識が高くなります。しかし、その意識レベルを何日も持続するのはどんな人でも難しく、時間の経過とともに安全意識のレベルは少しずつ低下してきます。これはその人が悪いのではありません。人間である以上は仕方のないことです。

そうすると、安全教育を受けても人間は誰でも時間とともに意識レベルが低下する、ということを前提にして、ではどのようにするかと考えることも必要です。

そこである協同組合では、1週間に2回、組合員企業のドライバーに定期的にメルマガを配信することにしました（対象はメールアドレスの登録を承認したドライバーだけ）。時間の経過に伴う安全意識の低下は仕方がありません。ですが、一定の間隔で刺激を与えることで、意識の低下のグラフの角度を緩やかにする、というのが目的です。ですから、あまり説教調ではなく少ない文字数で刺激を与え、低下しがちな安全意識を喚起するという試みです。

メルマガですからデジタルではないか、ということにもなりますが、あくまでツールとしてのデジタル利用にすぎません。泥臭いアナログなつながりも安全には重要なのです。

フリッカー値を活用した疲労度管理

疲労のチェックと健康管理も安全運転には欠かせません。

「フリッカー値」とは、高頻度に点滅する光がチラついて見える限界の頻度値で、これを活用したのがフリッカー疲労検査法です。まだトラック運送業界にはなじみが薄い観がありますが、労働科学の分野ではひろく疲労度の測定などに用いられています。

このフリッカー疲労検査法で、疲労を「見える化」している事業者もいます。疲労の自己申告（自覚的疲労指数）から、客観的な判断に基づく対応にするのが目的です。始業前と終業後にドライバーの疲労度をフリッカー疲労検査法で計測し、安全運転の意識を喚起しています。さらに、睡眠時間などオフの健康管理の意識向上も図るのが目的です。

この事業者の場合、パソコン画面の中央に白い丸が上下左右に4分割されて表示されます。この4分割された中のどれかひとつの白い部分が点滅するようになっています。高速で点滅している状態では白にしか見えません。点滅の速度が少しずつ遅くなり、どの部分が点滅しているかが認識できたら、パソコンのキーボードの上下左右の矢印のどれかを押します。このようにして認識できた点滅速度を計測したのがフリッカー値です。

人によって疲労度の個体基準が異なります。そこで、1週間ぐらい継続して測り、その人の基準値（100）を設定します。一般的な目安では、細かな作業に従事する人のフリッカー値の限界はマイナス5（95）といわれています。それに対して肉体労働では限界値がマイナス10（90）で、病気の場合と同じような対応をした方がよいとされます。

そこでこの事業者はマイナス5で疲労と判断し、マイナス10なら運行管理者に相談するようにしています。たとえば、朝の計測でマイナス5の数値が出たら、今日はどうするか、となります。疲労を自覚して、安全運転により注意したり、自己コントロールで休憩などを適時に取ったりする、といった対応です。

この測定に要する時間は50秒程度なので、点呼前の僅かな時間でも測定が可能です。測定結果はパソコンに自動保存でき、プリントアウトもできます。さらにこの事業者は、フリッカー値と前日の睡眠時間や、デジタル式運行記録計（デジタコ）に記録されている急減速の回数などとの相関関係も分析しています。睡眠時間が短いと始業前に計測したフリッカー値が低くなり、始業前の計測で疲労の数値が出るとデジタコのデータで急減速回数が多くなるという実証結果も出ています。

疲労度のチェックによって、事前に乗務をストップしたり安全運転意識を喚起したりすることで事故防止につながれば、結果的には生産性の向上になります。

なお、この事業者は、偏光サングラスで疲労を軽減する試みもしています。偏光サングラスの効果が終業後に計測したフリッカー値に反映するという次のような結果が出ています。

①個人的比較では偏光サングラスをした方が元気な被験者が多い。②全員の平均値では、偏光サングラスをすると約20％疲労が少ない。③個人のフリッカー標準値からの減少率も、疲れが少ない被験者が多い。④標準値からの減少率の全体平均では、約16％疲れが少ない。

以上から、偏光サングラスによる疲労軽減効果が期待できるという結果が出ました。さらに安全環境衛生担当者によるとデジタコとの照合で「偏光サングラスをした方が急減速などの回数が少なくなるという一般的な傾向が確認できた」といいます。

そこまで本格的ではなくても、ある事業者はSAS（睡眠時無呼吸症候群）の早期発見などの健康管理や、運転時の疲労軽減などのため、睡眠データによる健康管理をしています。布団の下にひいて睡眠の質を記録する機器の導入です。1時間に何回以上覚醒していると要注意かなど、睡眠の質から健康を管理するというもので、ドライバーに1週間ずつ交代で順番に貸し出してデータ管理をしています。医療行為に抵触してはいけないので、データを見て早めに医師の診断を受けるように促したりするのが目的です。

また、これからは中小企業でも従業員のメンタルヘルスに力を入れていかなければなりません。

2015年12月1日から、改正労働安全衛生法に基づくストレスチェック制度が義務づけられました。現在の時点ではまだ、「労働者数50人未満の事業場は当分の間努力義務」となっています。しかし、時間外労働の賃金割増比率と同じように、一定の努力義務期間を経て、いずれは50人未満の事業場も義務化されるものと考えておいた方がよいでしょう。そこで今のうちから早めに対応しておくことが必要です。

ある経営者は、自社の実態として精神的ストレスはドライバー職よりも、物流センターのピッカーや、事務職、管理者に多いといいます。おそらく、デジタル端末などによる精神的疲労が要因ではないでしょうか。いずれにしても、働く人たちの精神衛生面でストレスチェックが重要になってきていることは事実です。

このような中で、社内でメンタルヘルスの専門家を育成している中小事業者（50人以下）もいます。日常業務とは別に、社内で専門担当者を育成して安全管理や衛生管理、メンタルケアなどに関する様々な資格を取得させる方針のようです。まずは社内からメンタルヘルスに取り組み、さらに前向きな中小規模の同業者にはアドバイザーとして派遣するなどの協力も考えているといいます。従業員のメンタルヘルスも生産性に直結してきます。

荷役などの作業事故防止

事故防止については、荷役作業時などにおける労災事故防止も重要です。これは発荷主や着荷主など取引先の現場とも関わりが出てきます。

ここでは荷役作業における事故防止への取り組みのひとつの例をみることにしましょう。

この事業者の場合、積み込み時には荷主側のフォークマンが積んでくれます。また、納品先もほとんどが大手メーカーの工場なので、80％ぐらいは先方のフォークマンがいて荷卸しをしてくれます。したがってドライバーが荷役作業をすることはほとんどなく、フォークマンを誘導するのが荷役作業中のドライバーの役割です。

転落防止の安全ベルト（ウィング車の場合）

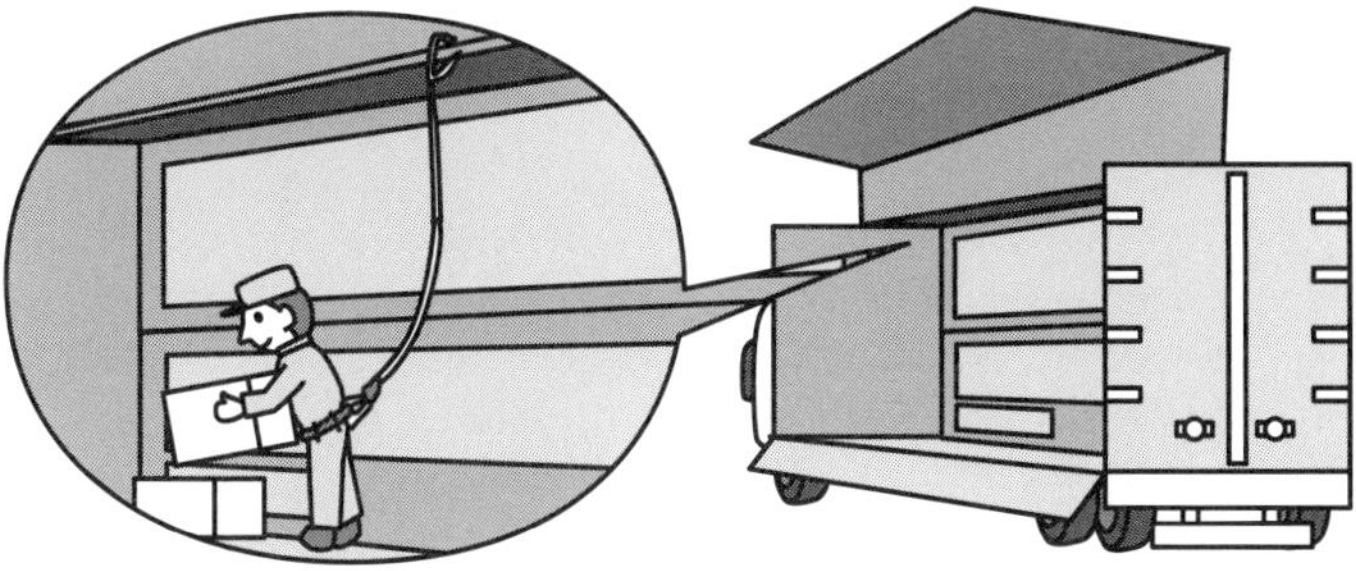

しかし、荷台の上でフォークマンを誘導している時に落下するような事故も時には発生することがあります。この事業者では、これまで労災事故が1件も発生していません。しかし、多くの同業者が同じ荷主と取引していて、中には事故が起きたケースもあります。そこで、事故をゼロにしたいというのが荷主の強い願いでした。ちなみに厚生労働省のデータなどでも、交通事故を除くと、陸上貨物運送事業における死傷災害事故では墜落・転落・転倒が多くなっています。そこで荷役作業における労災事故を減らすためには荷台からの転落などを防ぐことが重要です。

荷役中の転落事故を防止するために、いろいろ試行錯誤しましたが、ちょっとしたきっかけで思いついた転落防止策は安全ベルトでした。ウイング車の場合には、荷台前方の鉄板部分と、荷台後方に1カ所ずつ穴をあけ、その間にワイヤーを掛けます。ドライバーは荷役時に腰に安全ベルトを巻いて、安全ベルトとセンター・ワイヤーをつなぐという方式です。取り外しできるワイヤーなので、天井ギリギリまで荷物を積み込む場合には、ドライバーが外します。コストもワイヤー・ロープなら安くできます。

平ボディ車の場合には、荷台前部のあおりの部分と、荷台後方に設けたスタンションの間にセンター・ロープを張るという方法です。また、このセンター・ロープは基本的には荷台のシート掛けにも利用します。平ボディ車で積み荷の高さが高い時にはどうするかという課題については、スタンションの背丈が段階的に上がって調整できるように工夫したり、新しく購入する車両では前部のあおりも高くしてもらうようにしたり、シート掛けも後ろから張ったり外したりできるように工夫したりしました。

目標設定と企業レベルの「見える化」

ここでは、安全性の向上は生産性の向上でもある、という観点からみてきました。交通事故防止や荷役事故防止、その他においても具体的な取り組みでは、定量的な削減目標を設定することが重要です。たとえば交通事故でも、「事故」の規定は各社によって違います。当然ですが「事故」をどのように規定するかによって発生件数のカウントも違ってきます。しかし、事故をどのように社内で規定したとしても、具体的に削減目標を設定して取り組むことが必要です。

事故削減目標をどのように設定するかは各社によって異なります。目標設定の仕方にも企業風土といったものが表われます。たとえば交通事故削減であれば、一番多いのは事故の発生件数で削減目標を設定している会社でしょう。単純に事故発生件数で削減目標を設定することもできますし、車両台数との比率をベースにしているケースもあります。なかには、事故件数を全車両の総走行距離で割り算した比率を指標にしている事業者もいます。あるいは事故件数だけではなく、事故によって生じた損失金額で比較する方法もあります。

ある事業者のドライバーで構成している改善チームの中には、事故（交通事故だけではなく）によって破損した商品を荷主から買い取った金額を指標にして、設定目標と実績値を比較しているケースもあります。

同じような目標設定は、庫内でフォーク作業に従事している人たちにもみられます。作業ミスなどによって破損した商品を、荷主から買い取らされた金額で目標設定し、改善に取り組んでいる例です。

生産性の向上には、このような定量的な目標設定が重要です。同時に、自社の企業レベルを社会的に「見える化」するという方法もあります。

ホームページなどで自分の会社のよいところをアピールするのは当然ですが、見方を変えると、それはしょせん自己評価、自己採点に過ぎません。それを補うためにＧマークやグリーン経営、ＩＳＯなどの認定や認証を取得して、第三者に品質レベルを保証してもらうわけです。これを客観的品質といいます。さらにすすんで、自分の会社に対する評価は外部に委ねた方がよい、という考え方をしている事業者もいます。もちろんＧマークやグリーン経営など客観的品質の認定、認証は受けていますが、本来なら隠したい自社の実態などもオープンにして、マイナス要素も含めて外部に評価を委ねようというものです。

ある中小事業者は、たとえば交通事故についてなら損害保険会社の割引率をホームページで公表しています。認定や認証などの客観的品質とは別に、これを市場原理のビジネスベースによる安全水準の指標と位置づけているのです。その指標を開示することで外部（顧客や社会）から自社を評価し判断してもらおうというわけです。

これにはもうひとつの狙いもあります。自社に対する評価を外部に委ねることが、実は社内の安全意識の喚起にもつながってくるのです。保険の割引率を下げたくない、つまり事故を起こしては、外部からの会社に対する評価を下げる結果になってしまいますから、事故は起こせないという安全意識の向上につながるのです。

また、店舗配送などをしているある中小事業者は、事故ではありませんが、納品時の対応や商品破損、その他、顧客からのクレーム件数を毎月ホームページで公表しています。社外には知らせたくない情報も開示することで、サービスレベルに対する評価を外部に委ねるわけです。これは「サービス品質」という企業理念の現状レベルの見える化で、同時に、クレーム件数を減らそうという社員の意識の向上を図るものです。

このような取り組みも、生産性を向上することにつながります。

2 環境対策（省エネ運転）の追求は生産性向上

燃料はその日に必要な量だけ（BCPとの関係）

環境問題といいますと幅が広がります。そこでここでは、とくに省エネ運転に絞って生産性との関係をみることにしましょう。燃費効率のよい走りをすればするほど燃料コストが削減できますから、省エネ運転が生産性向上に直結することは誰の目にも明らかです。生産性向上という点では、安全よりも環境への取り組み（省エネ運転）の方がストレートで分かりやすいといえます。

そこで省エネ運転ですが、デジタコなどの機器を導入して燃費その他のデータを把握するようになったら、以前よりも全体の燃費がよくなった、という経験はどの事業者にもあるはずです。しかし機器を導入して最初の頃は毎年かなり大きな成果がみられても、機器導入から時間が経過するとともに、成果の幅が小さくなってきます。

これは仕方のないことです。燃費などを管理していなかった状態からデータを取るようになれば、最初のうちは大きな成果が出ます。しかし、トラックは燃料がなければ走りませんから、消費燃料をゼロにすることはできません。ですから、だんだん成果が少なくなってきて、やがて、ほとんど削減できなくなってきます。いわば省エネ運転における燃費の壁と表現することができます。

この壁に突き当たるとたいていの事業者は、これ以上の燃費改善をドライバーに求めるのは無理だということから、燃費水準を現状維持するような取り組みに重点を移します。それでも、社内で時系列的にみるとかなり燃費がよくなってはいます。

しかし、昔から比べれば断然よくなっている燃費も、社内だけではなく社外にも目を転じると、その燃費水準がもはや業界スタンダードになっていると考えた方がよいでしょう。トラックのエンジン自体が省エネになってきていることもありますが、各事業者の省エネ運転への取り組みもあって、現状の自社の燃費水準は業界全体から見ると平均的な数値だということです。つまりその燃費水準までなら、どの事業者でも容易に達することができるのです。したがって競争力という点からみると、他社との差別化は図れていません。

ですが、省エネ運転で優秀な成績をあげている事業者をみると、燃費の壁をほんの僅かでも突破するにはどうしたらよいかと考え、挑戦し続けています。ある水準に達すると一度に大幅な改善はほとんど不可能になりますが、ほんの僅かであっても壁に穴を開けようと不断の努力をしている事業者が、他社よりも高い生産性を実現しているのです。

たとえばインタンクの場合で、1日の走行距離がそれほど長くないような運行形態の車両では、その日に必要な燃料＋αしか燃料を入れません。その日に必要な燃料は過去のデータから推量できます。なお、＋αは予期せぬ道路渋滞などのアクシデントに対応できるように、安全率をみて多めに補てんしておく燃料分です。毎朝、出発する時にそれだけの燃料しか補充しません。説明するまでもなく、燃料を必要最小限しか積まなければ、満タンにするよりも車両総重量が軽くなります。ほんの僅かではあっても、それだけ燃費がよくなるということです。

毎日、少しずつ燃料を補充するにはインタンクか、あるいは事業所への帰り道にスタンドがあるなど、燃料を補充する所までの往復で燃料を消費しないことが条件です。また、車両の大きさにかかわらず、毎日の走行距離が短いことが条件です。大型車で実施している事業者もいますし、1t車などの小型車で行っている事業者もいます。

実際にこのような取り組みをしている事業者によると、小さなトラックほど効果があるといいます。小さなトラックほど車両総重量に占める、満タンにした時の燃料重量の割合が高いということでしょう。それにしても省燃費効果は僅かです。ですが、ℓあたり10mの差であっても、その積み重ねが生産性の違いになってきます。

ただし、東日本大震災の教訓などを踏まえて、危機管理という面からするとBCP（事業継続計画）との関係で、仕事の終了時には常に燃料を満タンにしておいた方がよい、といった考え方も最近は出てきました。自然災害など万が一の危機に備え、競争優位性を重視するというわけです。これには事業所の立地条件なども勘案して判断が必要です。

燃費効率の低いドライバーの底上げが全体平均を引き上げる

さて、どのように燃費の壁を突破するかですが、なぜ壁ができるのかを考えることがひとつのヒントになります。壁ができるのは、トラックは燃料なしでは走らないからです。燃費をゼロにすることはできません。そこで自ずと省エネ運転の壁に突き当たるというわけです。

しかし、ドライバー全員の平均燃費と、個々のドライバーの燃費は違います。平均よりもよい燃費のドライバーもいれば、平均より劣る燃費のドライバーもいます。そうすると、平均より上の実績のドライバーにもっと燃費をよくするようにといっても、それは難しいでしょう。ですが、平均より下のドライバーに、燃費を平均値まで引き上げるような目標を設定することはできます。まだ改善の余地が残っているからです。

ある事業者は、燃費が平均以下のドライバーに、1年間という期限を設けて、クリアすべき目標値を設定しました。たとえばドライバン車など車種がみな同じだとしますと、2ｔ車や4ｔ車など車両の大きさごとに、km／ℓ以上とベンチマークを設けます。それをクリアすることが目標です。

しかし、ここまでなら、たいていの事業者がやっていると思います。そして、デジタコなどのデータから、まだ目標達成まではどれだけ足りないと叱咤激励しているはずです。ところが、省エネ運転で優れた成果をだしている事業者は違います。ドライバーの努力だけではなく、実際に目標を達成できるような道筋を立ててサポートしているのです。この段取りが取れるかどうかが事業者間の生産性の差になっています。

たとえば同じ車種で同じメーカーのトラックで、同じ時期に新車購入した車両でも、A君は平均以上の燃費なのに、B君は平均以下です。B君にいわせると自分が乗務しているトラックはハズレの車なのだそうです。そこでその事業者は、一定期間を設定し、乗務する車両を交代させました。すると、A君はどちらの車両に乗務しても平均以上の燃費で走りましたが、B君はどちらの車両に乗務しても平均以下でした。C君とD君の場合も同様の結果が出ました。

その燃費のデータを示しながら説明すれば、B君やD君も自分の運転の仕方のどこかに問題があることを納得せざるを得ません。燃費が平均以下の他のドライバーの人たちに対しても説得力がありま す。つまり、車両の個体差によって燃費が違う、という理由が無条件に成り立つわけではないことが証明されます。

このように燃費が平均以下のドライバーの人たち1人ひとりに自覚を持たせたうえで、個別に省エネ運転の指導をしました。すると、全員がベンチマークをクリアしたのです。

一方、平均値以上のドライバーの人たちには具体的な目標を設定しませんでした。省エネ運転の努力を継続してもらいたいといった程度の抽象的な要請です。それでも、従来よりもよい燃費を実現しました。

これにより、会社の平均燃費は大幅に改善しました。壁を破ったわけです。生産性も向上したことになります。

経営者や管理者は絶えず仕掛けを考える

このように目標を設定するだけではなく、経営者や管理者は目標を実現できるように段取りや仕掛けを施すことが重要です。目標を決めて、あとは頑張れというだけで本人任せにしているようでは、目標実現はなかなか難しいです。経営者や管理者が仕掛けを考えることができるかどうかが、現場力の差となり、生産性の違いになってきます。

では、どのように仕掛けるかという発想や方法を、具体的な事例をもとに考えることにしましょう。

仕掛けなどは一定期間を設定して短期決戦で臨まなければ大きな効果は得られません。たとえば、エアコンを使用する夏季の場合をみてみましょう。

ある事業者は、7月中旬から9月中旬までの2カ月間を、夏場の車内エアコン使用時における燃費削減期間として設定しました。そして、具体的な5つの課題を掲げて集中的に取り組みました。

取り組んだのは次の5つです。①朝夕のエアコンの使用を控える（朝夕の使用時間を設定）、②日中でもオンとオフの切り替えをこまめに実施する、③内外気切り替えは内気循環に設定する、④納品時などにはできるだけ日陰に車を止めるなど駐車位置を工夫する（駐車違反にならない範囲で）、⑤

1分以上のアイドリングはしないようにする、というものです。

トラックですから仕事で広域に行きますが、各地の温度を比較するわけにはいきませんから、この事業者は本社所在地における前年同期の平均気温を比較してみました。その結果、本社所在地においては平均気温が前年とほとんど変わらないことが分かりました。そのような条件の違いなども検討したうえで前年同期との燃費の差を比べましたら、明らかな省エネ効果が確認できました。

このように期間を設定して、具体的な取り組み事項を明確にして省エネ運転に取り組むなど、何らかの仕掛けが有効です。

スタート時が一番燃料を消費する

省エネ運転も長年取り組んでくると厚い壁に突き当たります。その壁にほんの僅かな穴を開けようと努力しても、なかなか開きません。つまりなかなか成果があげられなくなってくるのです。

ある事業者は、長年の省エネ運転への取り組みの成果として、走行時における省エネ運転がかなり高いレベルになってきました。そのため走行時の省エネ運転に取り組んでも、なかなか成果が出なくなってきたのです。そこで、トラックが信号待ちなどで静止した状態から動き始める時の、いわば省エネ・スタートに照準を合わせました。

多くの事業者は、トラックのディーラーに講師派遣を依頼して、社内で省エネ運転講習会を開くなどしていると思います。その時、スタート時に一番燃料を消費することを教わるはずです。社内講習会でなくても、省エネ運転の講習ではスタート時の燃費削減について学ぶはずです。

これはトラックに限りません。物体が静止状態から動き出そうとする時の静止摩擦力は、動き出してからの動摩擦力よりも大きいからです。静止摩擦力が徐々に大きくなり、ある限界値を超えるとその物体が動き出します。この動き出す直前の力が最大静止摩擦力で、一番力が大きいことになるのです。トラックも同じです。

あるトラックメーカーに聞きましたら、そのメーカーの社内実験値では、発車から400mまで加速した場合、シフトアップ回転数を低くするほど、また、アクセルペダルの踏み込み量を控えめにするほど燃費が向上するという結果が出ているそうです。たとえば大型車の場合は、シフトアップ2100回転、アクセルペダル踏み込み100％に対して、シフトアップ1200回転、アクセルペダル踏み込み50％にすると、燃費が27％向上するという実験結果があるそうです。つまり、省エネ・スタートが、全体的な燃費効率の向上に大きく寄与することを意味します。

このようなことを踏まえて、この事業者は省エネ・スタートに挑戦しました。トラックはギアを入れてクラッチとブレーキから足を離すと、アクセルを踏まなくてもひとりでに動きだします。そのようにして少し動き出してから、ゆっくりアクセルを踏み込むようにしたのです。

感覚的ですがタイヤが1回転したぐらいから、ゆっくりアクセルを踏み込もう、という運動を社内で展開しました。すると、これだけの工夫で大きな成果が得られました。スタート時だけの燃費を比較できるデータはありませんので結果は全走行における比較になりますが、取り組みの前後では3～4％（車両によって差があり）の燃費改善を実現したといいます。

同社の社内データをみると驚く数値が並んでいます。大型車だけを紹介すると、14ｔ車でℓあたり4㎞台は1台もなく、すべてℓあたり5㎞台です。中には6㎞台という車両も何台かあります。25ｔ車の最高が3㎞台の後半、トレーラでも最高は3㎞台前半です。

同社で14ｔ車の最高がℓあたり6㎞台というのは、ほとんどの事業者では4ｔ車クラスの燃費です。また、25ｔ車の最高3㎞台も、普通の事業者では大型車（10ｔ車）並みの燃費です。すると、同じ荷主から同じ荷物の輸送を同じ運賃で請けても、利益が違ってくるのは明らかです。これだけをみても生産性の差が分かると思います。

最適コースの検討と徹底

自動車を運転する人なら誰でもそうですが、その人によって走る道路の好みが違います。トラックのドライバーも当然です。もちろん、重量物輸送などで事前に走行ルートなどを申請して通行許可をもらわなければいけない場合や、危険物輸送などで荷主と事業者間で走行ルートを設定しているようなケースは別ですが、そうでなければドライバーによって走る道路が微妙に違うことがあります。

高速道路や幹線道路などでは誰が運転してもほぼ同じですが、たとえば事業所から高速道路のインターまでの距離が数㎞あって、ルートがいくつもあるような場合、ドライバーの好みが反映されます。このような状況では、どのルートを何人が走っているかなどを把握することも必要です。そしてルートの検討をするべきです。

少し遠回りになるけれども信号が少なくて走りやすいルート、信号は多くても最短距離のルート、中には信号も少なく距離も短いが道幅が狭く途中に小学校があるルートなど様々ですが、可能な限り、ヒヤリハットの多いルートは避けたいものです。

そこでまず、誰がどのルートを使っているか、またその理由はといった現状を把握します。そのうえで安全性や所要時間、燃費効率などいろいろ検討して、ルートを1本化するようにします。安全性や経済性の面からもそうですが、万が一事故が起きた時に即対応できるようにするためでもあります。

ここでは省エネ運転という面からルート設定をみましょう。

この事業者は、事業所から高速道路のインターまでのルートを2つに絞り込みました。ひとつは、最短距離ですが途中に信号が2カ所あります。もうひとつは信号がひとつもありませんが、距離が片道3㎞ほど長いルートです。この2つのうちどちらのルートに統一するかを検討しました。

まず最初に、ドライバーが2組に分かれて、事業所から高速道路のインターまでのそれぞれの平均所要時間を調べました。すると最短距離だが信号が2つあるルートの方が平均で約1分30秒ほど多くかかるという結果が出ました。信号が2つとも赤で止まらなければならない場合には、所要時間が長くなるからでしょう。行きも帰りも2カ所の信号が赤なら、往復では3分以上長くかかるかもしれません。

しかし、高速道路を使うような運行で平均往復3分の時間差は、ほとんど無視してもかまわない時間です。それに対して距離が3㎞長いルートは、往復6㎞という距離になりますから、燃費という点では無視できません。かりに大型車で平均燃費が3㎞/ℓだったとしますと、往復では2ℓ多く燃料を消費することになります。ℓあたりの軽油価格を掛けて、さらに毎日往復している車両台数を掛けます。これが1日に多く消費する燃料価格の差ですから、さらに1カ月の平均稼働日数を掛け、それを12倍すると1年間に余分に消費する燃料コストが試算できます。

そうすると、どちらのルートに統一すべきかは明らかです。

ですが、先にみたようにトラックは止まっている状態から走りだす時に燃料を多く消費します。すると、距離的には短くても往復で4カ所の信号が赤だったとすると、その方が燃料を多く消費するかもしれないという反論が出てくるものと思います。

そこで、トラックはギアを入れてクラッチとブレーキから足を離せば、アクセルを踏まなくてもゆっくり走り出す、ということを思い出してください。省エネ運転で大きな成果をあげているような事業者は、壁を破るために様々な取り組みをし、それらを組み合わせて生産性の向上を図っているのです。

どこで休憩をとるかまで考える

燃費の壁を破るための方法は考えればいろいろ出てきます。

先に経営者や管理者の仕掛けのところでも触れましたが、エアコンを使用する夏場の集中的な取り組みの中に、納品時にはできるだけ日陰に止めるというのがありました。これは近距離の配送業務などの場合ですが、高速道路を使った長距離輸送でも同じような取り組みをしてる事業者がいます。長距離の幹線輸送ですから多箇所への納品ではありません。長距離乗務ですと、途中で連続ハンドル時間の制限を守り、定められた休憩を取らなければなりません。その際に、高速道路のどこのパーキングエリアやサービスエリアで休憩をとるかです。

もちろん連続ハンドル時間などを順守するという範囲内ですが、夏はできるだけ標高の高いところにあるパーキングエリアやサービスエリアで休憩を取ります。できれば日陰にトラックを止められればそれに越したことはありません。エンジンを止めて休憩していても、キャビンの温度が上がらないようにするためです。積み荷によっては庫内温度との関係も出てきます。

冬は逆です。できるだけ標高が低いパーキングエリアやサービスエリアで、日当りのよい場所にトラックを止めて休憩するようにします。エンジンを止めて休憩していても、できるだけエンジンが冷えないようにするためです。それだけ出発時のアイドリングが少なくて済みます。

省エネ運転による生産性向上への取り組みは、このくらいのレベルまで進んできています。そこでもうひとつ、マルチ・ドライバー化についても書いておきます。

どのようなコースでも乗務できるドライバーを、社内でマルチ・ドライバーといった呼び方をしている事業者がいます。オールラウンド・ドライバーとか、フレキシブル・ドライバーとか社内での呼称は各社各様ですが、ここでは一般的に多く聞かれるマルチ・ドライバーとします。

マルチ・ドライバーは、社内のすべての輸送・配送コースに対応できるドライバーです。あるいは、すべてとまではいかなくても複数の輸送や配送コースの仕事ができ、他のドライバーが欠勤した場合などに対応するのが大きな役割です。最近では労働時間の調整などの役割を果たすケースが増えてきました。

ここでは、省エネ運転と生産性向上という面からマルチ・ドライバーについてみることにします。

ある事業者は、同じコースで同じ車両なら誰もが同じ燃費で走れるようにしたい、と考えています。たしかに、同じ車両に交代で乗務し、同じ荷物を同じだけ積んで、同じところに輸送あるいは配送をするなら、燃費が同じでなければならない、という理屈はもっともです。先に、物流センター業務で誰もがガムテープを必要最小限だけの長さで使えるようなスキル・アップが生産性を向上させると書きましたが、トラック輸送、配送では燃料コストの割合が大きいですから、同じスキルということであれば、燃費も誰もが同じレベルになるべきという考え方もできます。

この事業者は、それが本当のマルチ・ドライバーと考え、全員のマルチ・ドライバー化を目指しています。それは、労働時間を短縮しながら賃金を上げるためには生産性の向上が不可欠だからです。生産性向上にはレベルの高いマルチ・ドライバーの集団にし、誰でもどの仕事でも同じレベルでできるようにしなければなりません。労働時間短縮を実現する条件のひとつでもあるからです。そのためには燃費などもそろって高いレベルで統一されなければならないという考えなのです。

環境をビジネスに

ここまでは主に省エネ運転への取り組みは燃料コストの削減になって、生産性の向上につながるという観点から環境をみてきました。ここでは環境をビジネスにすることで生産性の向上を図ることを考えましょう。

多くのトラック運送事業者が、最初は環境対策を受け身で考えていました。それは環境規制の強化すなわち新基準車への代替え＝コストアップという形で環境問題に直面したからです。しかし、環境規制をクリアすることは当然ですが、より積極的に物流をベースにして環境をビジネス化しよう、という発想に転換した事業者もいます。環境ビジネスを物流のひとつのジャンルととらえ、生産性の向上につなげようという試みです。

物流をベースにした環境ビジネスを展開しているトラック運送事業者は少なくありません。一番シンプルでポピュラーなのは産業廃棄物収集運搬で、けっこう多くの事業者が参入しています。ですが、産廃の収集運搬は普通のトラック運送事業とあまり変わりません。生産性が高いということでもありません。

生産性向上という点から分析しますと、中間処理業との関係が大きなポイントになります。中間処理業の許可を自社で取得するか、あるいは資本参加したり、何らかの提携をするといったことが生産性向上には必要です。

産廃収集運搬だけではなく、もっと変わった環境ビジネスとして多様なサービスがあり、生産性の高い事業展開をしている事業者もいます。紙面の制約もあり、それらを全部紹介することはできませんので、ここでは典型的なリサイクル事業のひとつを素材にしましょう。

この事業者は環境事業として、①フードリサイクル、②発泡スチロールリサイクル、③機密書類リサイクル、④梱包資材リサイクル、⑤樹脂リサイクルの5つのリサイクル事業を展開していますが、その中のフードリサイクルについてみることにします。

同社は、食品スーパーの店舗への食品配送や、外食産業の店舗への食材配送などをしています。スーパーの店舗にしてもファミレスなどの店舗にしても、毎日、生ごみを排出します。フードリサイクルは、食品や食材などを納品しているスーパーやコンビニ、ファミレスなどの店舗から排出される食材残渣などの生ごみを回収してコンポスト化する事業です。そのコンポストを契約農家に無償で提供し、契約農家ではそれを堆肥にして野菜などを栽培します。生産された野菜は、この事業者が納品しているスーパーの店舗内に設けられたコーナーで販売するという仕組みです。

販売コーナーは事業者がスーパーからスペースを借り、契約農家はスーパーから個々にコードをもらって販売する野菜にラベルを貼って販売します。農家の売上金額のうちの一定額が事業者の収入になり、スーパーには事業者からマージンを支払う方式です。

事業者は物流センターの一角にフードリサイクル・ハウスを持っています。そこで食品残渣を処理してコンポスト化する機械を置いている他、スーパーのバックヤードにも機械を置いています。

他にも、配送先から排出される生ごみを回収してコンポスト化するところまでは同じですが、自社で農業生産法人を持っていて、自社農場（耕作地は借地）で自家製造の肥料を使って農産物を栽培している事業者もいます。そして野菜などの生産物は地元にある取引先のセントラル・キッチンに納品しています。

4 生産性向上には時間の概念が不可欠

1 原価を時間で把握する

経過時間ごとの原価と収支の見える化

生産性を向上するには時間という概念が必要です。時間という概念は原価を把握するにも、また、運賃交渉をするためにも不可欠なのです。

これまでトラック運送業界では、時間という考え方が弱かったように思います。それは長時間労働と歩合制賃金を前提にして経営が成り立っていたからです。しかし、その2つの前提が成り立たなくなってきました。時間という概念を抜きには経営ができなくなってきたのです。

待機時間の短縮などについては後で詳しくみますが、ここでは原価計算においても、また、その原価をもとにした運賃交渉などにおいても時間という概念が必要であることを次にみていきましょう。

いうまでもなく原価計算は重要です。どのような業種業態の企業であっても原価を把握しなければ健全な経営はできません。

ですが、トラック運送業は長年、いわゆるどんぶり勘定で経営をしてきた事業者が少なくありませんでした。なぜ、そのような経営でも成り立ってきたのでしょうか。それにはいくつかの理由が考えられます。ずっと昔は運賃が比較的高く、どんぶり勘定でもなんとかなるだけの余裕があったからです。その後は、だんだんと運賃水準が下がって厳しくなってきました。それでもドライバーの賃金を運賃収入に対する何%とすれば（歩合制）、会社には必ず一定金額が残ります。この歩合制賃金を前提にした長時間労働が、ドライバーの手取り額と会社の取り分を増やすという構造になっていたからです。

しかし、そのような経営が通用しなくなってきました。運賃・料金水準もかなり厳しくなり、また、労働時間などコンプライアンスが求められるようになってきたからです。さらに昨今では､ドライバーの確保が切実な問題となり、賃金の引上げや労働条件の改善が必須になってきました。労働時間を短縮し､賃金を上げるには生産性を向上するしかありません。そのためにはまず､原価を正確に把握して、原価を上回る収入を得るにはどうしたらよいかを考えなければいけなくなりました。このようなことから、原価計算の重要性と原価に基づく経営への意識が高まってきたのです。

しかし、総原価が計算できるだけでは十分とはいえません。1カ月の稼働日数、1日の稼働時間から、1時間あたりの原価を計算し、時間単位で原価を把握することが必要です。1カ月の稼働日数が違えば、1日あたりの原価が違ってきます。1日の原価が算出できても1日の稼働時間が違えば、1時間あたりの原価も違ってきます。コンプライアンスの面からみると、これらは拘束時間や労働時間から逆算する必要があります。

このようにして1時間あたりの原価を算出し、配車担当者が時間あたりの収支をほぼリアルタイムで把握して車両と荷物の組み合わせをしている事業者がいます。

たとえば途中の休憩時間などを含めて、8時から18時までを1日の稼働時間に設定したとします。運行管理者（配車担当者）のパソコンの画面には、朝8時から9時の1時間では、1時間分の原価が表示されます。それに対して運賃収入の方は、8時に積んで出発した荷物の運賃総額が入力されていますから、運賃から原価（1時間分）を引いた欄（粗利）には大きな金額が表示されています。

しかし、次の9時から10時になると、原価の欄は1時間分の原価が増えます。したがって運賃から原価（2時間分）を引いた欄（粗利）は原価が増えた分だけ減少します。同じように、1時間ごとに原価の欄が増えていきますから、1時間ごとに粗利が減少していくのが数字として見える化されます。

配車担当の腕の見せ所

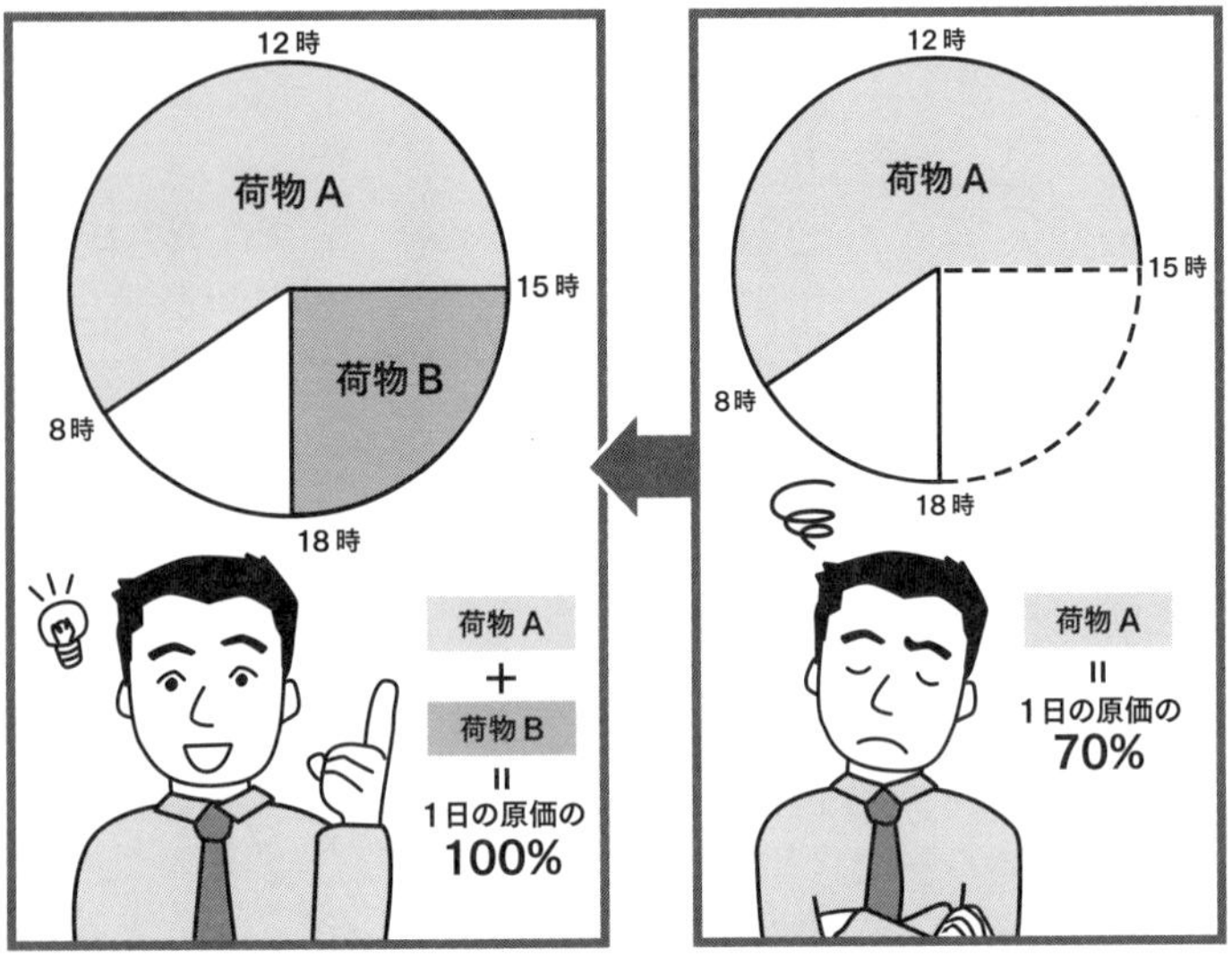

すると配車担当者は、朝積んで出発した荷物はどの地点で何時の納品だから、次はいくらの運賃の荷物をどこから積んで18時までに仕事を終わらせるかを考えなければなりません。荷物と車両を組み合わせて1日の原価を上回る1日の運賃収入を得るようにしなければならないのです。

これは配車担当者にとっては大変なプレッシャーになるかもしれませんが、原価を時間単位で把握して、それを上回る収入を得るためのシステムです。

運賃交渉にも時間の概念が必要

今度は時間で原価を把握して運賃交渉することを考えましょう。とくに製造業の荷主は、時間でコストを管理する発想に慣れています。したがって事業者が要請する運賃が了承されるかどうかは別として、交渉のテーブルに着いて話し合いになる可能性が高くなります。

このような発想から、荷主との運賃交渉に「段取り工数」という考え方を採り入れた事業者がいます。これは、仕事をいくつかの工数に分解し、それぞれの必要時間を金額に換算するというものです。ABC（アクティビティー・ベースド・コスティング）準拠によるコスト算出のトラック運送事業者的（運送原価的）な応用といえるでしょう。

たとえばAからBまでの輸送の場合、AからB間の輸送時間だけでなく、車庫からAまでの時間、Aでの待機時間、積み込み作業時間、Bに着いての待機時間、荷卸し時間、Bから事業所の車庫に帰ってくる時間などを原価計算に基づいて金額換算します。この原価に基づいて算出した時間金額を見積もり、前提条件などの付帯事項も含めた金額で契約を結ぶという方法です。

たとえば積み込み時間では、フォークリフトが使用できる状態を前提にして、フォークが使えない場合や、積み込み時間になっても荷役条件が整っていなければ、追加料金を請求できるという契約です。運賃交渉段階での値引き要請に対しては、待機時間の短縮など、条件変更とのトレードオフで対応します。

このような契約書を交わすために、この事業者は荷主企業の担当者を自社に招いて原価算出の基準などを説明し、理解を得るように努めています。荷主企業の担当者に、上司との間に入って調整役的な立場になってもらうためのアプローチです。

また原価計算にあたっては、ドライバーから現場の実態を聞いてそれぞれの荷主の「工数」を設定します。ドライバーが荷主から質問されても、営業担当者と同じ「工数」を答えるようにするためでもあります。

このような交渉力を持つには、1荷主への売上依存度を社内で設定した割合以下に押さえる、といったことも必要です。

基本契約を1日何時間（何工数）と決めます。その基本契約の時間（工数）によって1時間あたりの原価が違ってきます。1時間あたりの原価は、1日の基本契約時間をオーバーした時の1時間あたりの追加料金の違いにもなってきます。追加時間に対する1時間あたりの追加料金表も契約時に作成して荷主に渡します。

また、1日の基本走行距離も契約に入れています。1日の基本走行距離を超えて走行した場合の10kmごとの追加料金表も作成して契約しています。基本走行距離以内なら燃料価格が変動してもそのままとします。しかし、燃料価格の変動が著しい場合には（契約時の燃料価格に対して±10％以上の変動）、距離の追加料金表の単価を変えることで対応するようにしています。これは部分的あるいは変則的サーチャージ制といえるでしょう。

さらに、1日の基本契約時間を1時間以上超過して車庫に帰った場合には、ドライバーが時間オーバーの理由を運行管理者に報告します。運行管理者は荷主企業の担当者に翌日の朝、どのような理由で前日に時間の超過が発生したかを報告します。追加料金の発生を報告・確認するためです。

ただし、それだけではありません。基本契約時間を超過した理由が一過性のものなら追加料金の請求だけでよいのですが、たとえば納品先の作業環境などの条件が変更になるなど恒常的な原因によって超過時間が発生した場合には、荷主と改善策を協議します。恒常的な原因では、これから毎日、追加料金が発生することになるからです。

そこで、たとえば納品先の荷受け条件が変更された場合であれば、荷主を通じて改善を図るようにします。改善できないようであれば、毎日、追加料金が発生するよりも1日の基本契約時間を変更するように提案する、といった対応です。

原価は同じでも取引先によって運賃交渉の仕方は違ってくる

算出された原価は同じであっても、どのように運賃交渉するかは荷主によって変えなければなりません。

簿記にはたくさんの種類があります。単式簿記と複式簿記の違いだけではなく、業種によって様々な簿記があります。代表的なものは工業簿記と商業簿記でしょう。その他にも、農業簿記、農協簿記、林業簿記、建設業簿記、銀行簿記、官用簿記、組合簿記それに家計簿記（家計簿）などです。これは、経営・運営主体によって数値の把握の仕方が異なることを意味しています。

ですから、取引先の業種業態による特徴の違いや、さらに個別企業の体質などをよく調べて、取引先にも理解しやすいような、相手に応じた運賃交渉が必要です。相手が運賃値上げ要請に応じるかどうかは別ですが、こちらの要望が相手に理解できるように話を持っていくことが交渉の出発点になります。話し合いのテーブルに着かなければ交渉は始まりません。なぜその金額が算出されたのかが理解できなければ、トータル金額を一瞥しただけで「高い。逆にまけてくれ」といったことにもなりかねません。まず話し合いのテーブルに着くことがスタートラインで、そのためには事業者側が提示した金額を認めるかどうかは別として、なぜその金額なのかという算出の根拠については理解してもらわなければなりません。

たとえば、このようなケースもあります。物流費という固定した費用としては値上げを認められないが、変動的な経費としてなら多少は融通が利く、といったケースです。実際に、そのような形で、同じ荷主でも複数の財布から支払わせることに成功したような例もあります。たとえば店舗での商品陳列は物流費ではなく営業部の販促費から支出してもらうような交渉です。ちなみに、燃料サーチャージも基本的にはこれと同じ考え方に基づいています。

生産性向上というテーマからはやや逸れますが、運賃交渉も収益性向上という点では重要ですから、簡単に触れておきますと、最近は運賃を費用としてではなく原価として位置づけているのではないかと思われるような荷主がみられます。

たとえば燃料サーチャージでも、事業者側が何もいわなくても、燃料価格が上がれば自動的に料金を上げてくれる荷主がいます。燃料価格が下がれば自動的に下がることになります。これはおそらく、運賃を原価として位置づけているからではないかと推測されます。

そのような荷主が、製造業にも流通業にもいます。全体的にみると極めて一部の荷主ですが、いずれも優良企業です。つまり進んだ考え方の荷主では、運賃をはじめとする物流費は、製造業なら製造原価、流通業なら仕入れ原価という位置づけにしている企業もあるということです。原価という位置づけならば、たとえば為替によって変動したりすることは一定の予算の範囲内なら経営計画の想定内ということになります。

すると、トラック運送事業者側も従来のように荷主にとって運賃は費用という考え方だけではなく、原価と位置づけている荷主に対してはどのように交渉していくべきか、といった研究が必要になってきます。その点、トラック運送業界はこのような荷主の変化に機敏に対応しているとはいえないのではないでしょうか。

中ロットの積み合わせ輸送におけるシェア運賃制

運賃について話が及んだついでに、事業者側の発想にも柔軟性を持つ必要がある点について触れておきます。

様々なおもしろい事業展開をしている、ある中小事業者（20台規模）のひとつに積み合わせ輸送なのに貸切運賃契約をしているケースがあります。かりにその荷主をA社とB社とします。両社とも部品を製造している中小の町工場で、部品の納品先は同じメーカーのアッセンブリ工場です。納品する部品の量は、平均すると両社合わせて4t車で週2便程度です。そもそもはA社もB社も別々に納品していましたが、この事業者は納品先が同じなのだから2社の荷物を積み合わせて納品したほうが効率的であることを提案し、基本的には4t車で週2便の納品としました。

肝心なのは運賃契約です。積み合わせなので普通はパレット単位の運賃とか、部品を入れる通い箱単位の個建て運賃で契約するはずです。ところが、4t車1運行いくらという車建ての貸切契約にしました。

ではどのように運賃を請求するかです。わかりやすく前々月はA社とB社を合わせた荷物の量が100パレットだったとします。内訳はA社が60パレットでB社が40パレットなら、車建ての貸切運賃の6割をA社に、4割をB社に請求するという方法です。

そして、前月は両社の荷物量が同じパレット数でした。その場合は、貸切運賃の半分ずつを請求することになります。ですが、内訳をみますと、両社とも40パレットずつで同じだったのです。

もう、分かったと思います。個建て運賃契約だったら、前々月の請求金額に対して前月は80％の運賃にしかなりません。しかし、4t車1運行いくらという貸切契約ですから、前々月（100パレット）も前月（80パレット）も同じ運賃収入になります。もし荷物量が増えて増便しなければ運べないなら、1運行あたりいくらという定額の増収になります。

生産性向上のテーマからは話がやや逸れますが、ついでですから運賃についての工夫の例をもうひとつだけ紹介しておきましょう。これも中小事業者の例です。

準中型免許が施行されるようになると、18歳でも総重量7・5tまでの乗務が可能になりますから条件が違ってきますが、中型免許が施行されたときの話です。

この事業者は中型免許が導入される以前は2t車月いくら、4t車月いくらという運賃を設定していました。中型免許が施行になると、従来の2t車運賃は総重量5t未満の2t車の運賃とし、4t車との中間に、中型免許でなければ乗務できない2t車運賃を新たに設定しました。そして若い人を採用して、最初は総重量5t未満の2t車に乗務させ、その後、会社が費用を負担して中型免許を取らせて総重量5t以上の2t車に乗務させるようにして賃金も上げるようにしていました。

このように、運賃についても「常識」に拘泥されるのではなく、自社の条件に応じて様々に工夫をすることが重要です。

2 労働時間短縮と生産性

労働時間の短縮はトラック運送業界にとって大きなテーマです。そもそもが長時間労働でしたから、労働時間短縮は以前から取り組まなければならなかったのですが、近年では、若いドライバーを確保するためにも、労働条件の改善がますます重要になってきました。また、建前を抜きにして近視眼的な本音を率直に述べれば、多くの事業者にとって改善基準告示をどのようにクリアすべきかが頭痛の種のはずです。

そこで労働時間の短縮による生産性向上という観点からみることにしましょう。ここではドライバーの労働時間に絞りますが、ドライバーの労働時間は運行時間、待機時間、荷役時間、点呼・点検のための時間などに分類できます。このうち点呼・点検の時間はドライバーの健康管理や安全管理などから必要不可欠な時間ですから省くことはできません。

また、荷役時間はできるだけ機械化を進めたり、手積み手降し作業をなくすなど所要時間を短縮するとともに、ドライバーの作業負担が軽減されるような取り組みが求められます。とはいっても荷役は仕事上で必要不可欠な時間ですから、短縮はすべきですが全くなくしてしまうことはできません。

それに対して、まったく無駄な時間が待機です。待機時間はゼロにしても、仕事上で何の支障も生じません。むしろ待機時間をゼロにすることは理想ですし、取り組み次第では限りなくゼロに近づけることも可能です。

一方、運行時間は運送業の根幹をなす必要時間です。また、運行時間自体を短縮するのはなかなか難しいといえます。なぜなら現状でも、最短距離や最短時間で運行計画が立てられていますので、運行時間自体を短縮するための余地は極めて少ないはずです。そこで重要なのは、1人のドライバーが連続して運行する時間や拘束時間をいかに短縮するかということになります。そのような中で、中継輸送システムの導入は対応策のひとつです。

いずれにしても運行時間と待機時間の2つが労働時間短縮を推進するための要諦です。そして運行時間の短縮は輸送の仕組みを工夫することでドライバー1人の連続時間を短縮し、待機時間は当事者同士の目的意識と取り組みによってゼロを目指すべきです。

このような事業者の前向きな取り組みに対して、最近は荷主もかなり協力的になってきています。事業者がドライバーを確保できなければ、最悪の場合には荷物が運べなくなってしまうような事態も想定されるためです。

ここでは運行時間の短縮、待機時間の短縮、荷役など作業時間の短縮を分けて、それぞれの取り組みについてみることにしましょう。重要なのは無駄な時間をなくして、今までよりも短い時間に今までと同じ仕事ができるようにするにはどうするか、ということです。それが生産性の向上です。

ア 運行時間の短縮

中継輸送の基本パターン

まず、運行時間の短縮ですが、これは運行時間それ自体の短縮よりも、1人のドライバーが連続して勤務する時間の短縮が主な取り組みになります。その方策のひとつが、中継輸送システムの導入です。中継輸送とは何かということについては改めて説明するまでもないと思いますが、ただ単に中継輸送といっても様々なパターンがあります。

なお、詳細は省きますが、これらの中継輸送における法令上の懸念（点呼その他）は、関連法令などに則れば問題はありません。

そこで中継輸送の基本的なパターンとそれぞれの特徴からみることにします。これは、実際に中継輸送を実施する際の難易度などに関係してきます。

中継輸送を考える場合の3つの要素は、①同一荷主か異なる荷主か、②同一事業者（社内）か異なる事業者間か、③トレーラか単車か、です。これらの組み合わせの中で一番取り組みやすいのは同一荷主、同一事業者、トレーラです。反対に一番難しいのが、異なる荷主、異なる事業者間、単車という組み合わせです。

しかし、トラック運送業界の実態をみますと、中継輸送システムの導入などによってドライバーの連続勤務時間の短縮が最も必要とされているのは、異なる荷主、異なる事業者間、単車という難易度の一番高い組み合わせです。

また、異なる事業者間における中継輸送の場合には、運賃の差額をどのように按分するか、事故（交通事故、労働災害、貨物事故）などに対する責任と保証をどのようにするか、さらに単車ではスマートフォンなどを活用した本格的なデジタコ機能を有する運転者単位（携帯用）のデジタル管理機器の開発、導入なども必要になってきます。

国土交通省では、「貨物自動車運送事業における中継輸送実証実験モデル事業」を2015年度事業として行いました。15年度では実証実験を通して、中継輸送における課題などを整理・分析しています。実証実験を通して明らかになった諸課題の克服が16年度以降の取り組みになり、現在進められています[1]。

先にみたように中継輸送は、荷主（同一または異なる）、運送事業者（同一〈社内〉または異なる事業者間）、車両（トレーラまたは単車）の組み合わせによっていくつかのパターンがありますが、実際に導入するかどうかを技術的に検討する場合は、トレーラか単車かという分け方を基軸にするのが現実的です。荷主、そして運送事業者については技術的な問題ではなく、主に契約上の検討課題といえます。

中継輸送の様々なバリエーション

一定規模以上の事業者なら社内で中継輸送システムを構築することは容易です。社内における中継輸送システムであれば、荷主が違ってもさほど問題はありません。社内で中継輸送を導入して労働時間の短縮に取り組むと決めればすぐにでも実施できます。

異なる事業者間でも、以前から中継輸送システムを導入して上手くいっている例がいくつかあります。これらに共通するのは、同一荷主でトラックがトレーラという点です（ただし異なる荷主の例もあります）。

同一荷主なら運賃単価が同じですから、距離的に中間点を中継基地にすれば、運賃の差額の按分という問題は生じません。ただし、同一荷主でも事業者間でトレーラのシャーシの大きさが少し違うために運賃が違うようなことがあります。そのような場合には、運賃の差額の2分の1を按分することで、中継輸送によって労働時間の短縮を実現している事例もあります。

技術的な面からも、トレーラならシャーシ（被けん引車）だけ中継すればよいわけですから、中継輸送がやりやすい条件にあります。

そこで、ここでは少し変則的な中継輸送を紹介し、参考に供することにしましょう。

九州のある事業者は、首都圏までの生鮮野菜輸送において社内での中継輸送を導入しました。まず、九州全域を8ブロックに分け、4t車で集荷した野菜を各ブロックごとに集約します。これは集荷専用のドライバーですから、長距離輸送ではありません。次に、各ブロックからは大型車（一部トレーラ）に仕立てて、幹線ドライバーが兵庫県の西宮に輸送します。西宮のセンターは自社の施設です。西宮センターでは、納品先ごとに積み替えます。ここでドライバーが交代して、九州から乗務したドライバーは休息をとるなど法令を順守して九州向けの車両に乗務して戻ります。首都圏に運ぶのは西宮から新たに乗務したドライバーです。

この事業者は従来、九州から東京まで1人のドライバーで運んでいました。九州といっても北九州と南九州では距離がだいぶ違いますが、福岡を起点にした場合でみますと、1人乗務の時は休憩や休息などが法令順守ギリギリの最短時間でも首都圏まで27時間30分を要しました。

しかし、新しく導入した中継輸送では、西宮センターでの積み替えに5時間を想定しても、福岡から首都圏までの運行時間が24時間で可能になりました。3時間30分の運行時間自体の短縮です。1人乗務では滋賀県内で休息をとっていましたが、中継輸送ではドライバーが交代することで途中の休息時間がなくなったことが大きく影響しています。西宮での積み替え時間が必要になりましたが、相殺しても運行時間の短縮になったのです。

一方、首都圏と関西間で社内で中継輸送を行っている別の事業者は、新たな試みにトライしています。従来の中継輸送では、首都圏と関西の中間地点の大井川（静岡県）に中継基地を設け、トレーラのシャーシを交換して、ドライバーとヘッドはIターンする方式でしたが、この中継方式を導入したことで、双方のドライバーとも1日運行になり、毎日、自宅で休息をとることができるようになりました。

しかし、この事業者はさらに、中継基地を中間地点の大井川から名古屋へのシフトにトライしています（取材時点）。中継基地を名古屋に移すと、首都圏のドライバーは1日運行が無理になってしまいます。以前のように関西までの1人乗務よりは短い労働時間ですが、中間地点で折り返すよりも距離が長くなります。もちろん、法的な面をにクリアするような勤務ローテーションを組みますが、なぜ、あえて中継基地を変更するのでしょうか。それは、同社では、首都圏と関西圏だけではなく、北陸も加えた3方向での中継輸送を構想しているからです。首都圏、関西圏、北陸発着の荷物を総合的に判断して、全体の生産性向上を図り、同時にドライバーの勤務時間の短縮を実現することを考えているわけです。これは新しい発想の中継輸送システムといえます。

高速道路における中継施設とETC2.0

鉄鋼輸送をしているある事業者が、中継輸送に試験的に取り組んだのはかなり早い時期でした。まだ携帯電話も普及していなかったころです。そのため結果的には上手くいきませんでした。

試みたのは、異なる荷主、異なる事業者同士のトレーラによる中継輸送で、運賃単価などの違いは、金額ではなくではなく台数をイーブンにするという条件でした。しかし道路事情で中継地への到着が遅れても、ドライバー同士が直接連絡を取り合えなかったりしたために、結果的には上手くいかなかったのです。携帯電話その他の通信手段が発達した現在なら、おそらく大丈夫でしょう。

ところで中継輸送を実施する場合に難易度が一番高い、異なる荷主、異なる事業者間、単車の組み合わせですが、これまでの取材では実施している事例が見つかりませんでした。皆無とはいわないまでも、実際に行われているとしても極めてまれなケースといえるでしょう。しかし、業界の実態からすると、中継輸送などによってドライバーの連続勤務時間の短縮を実現しなければならないのがこのケースです。

先述の国交省の実証実験に、ある求車求貨システムのグループが積極的に参加しました。中小事業者のメンバーで構成するグループです。これは異なる荷主、異なる事業者間、単車の組み合わせで、しかも数社が複雑に中継し合うという難易度の高いものでした。一番難易度の高いパターンのトライですが、しかし、日ごろから荷物を相互融通しているメンバー事業者間という点では、純粋に異なる事業者間の中継輸送とは若干違うかもしれません。

このような異なる事業者間での単車による中継輸送においては、携帯用のデジタコ機能の開発が求められます。現在でもスマートフォンを使った簡易機能を有する機器はあるようですが、本格的なデジタコ機能を持った機器が必要です（すでに一部のメーカーでは開発を進めているようです）。他社のトラックに乗務するわけですから、車載固定型ではない機器で乗務記録を取る必要があります。
それと同時に、各高速道路会社には高速道路内で中継できるような施設とサービスの提供が望まれます[2]。

現在、実際に事業ベースで中継輸送をしているケースを取材してみると、①同一事業者内（社内）でのトレーラや単車による中継輸送と、②同一荷主で異なる事業者間のトレーラによる中継輸送の2つのタイプが主流になっています。このうち①のケースではたいてい、ほぼ中間地点に位置する自社の営業所を中継基地にしています。社内で中継輸送ができる事業者は、規模も大きく各地に営業所を持っているからそれも可能です。

それに対して②では、ほぼ中間地点の高速道路のインターから一般道に出て、近くにあるガソリンスタンドなどと提携して中継所にしているケースが多いようです。中継のためにいったん高速道路から降りるので、その分、高速料金が高くなります。また、中継基地を確保する費用と、インターから中継基地まで往復する時間も必要です。これらは生産性向上という面からはマイナス要素になっています。

したがって、高速道路のサービスエリアやパーキングエリア、さらには専用中継所などが設けられていて、そこで中継できるようになっていれば総時間の短縮も可能になるわけです。単車による中継ならドライバーだけが上下線を入れ替わればよいわけです。トレーラの中継輸送ではシャーシはそのままで、ヘッドとドライバーが上下線を入れ替われるような中継所があれば生産性が向上します。

なお、トレーラによる中継輸送の場合には、ヘッドとドライバーは入った料金所と出る料金所が基本的に同一になることが想定されるため、料金計算方法など若干の技術的課題もあります。入りと出が同一料金所でなくても料金計算上の問題は出てきます。

さらに、たとえば下りの車両は予定時間通りに通常の中継所に着いたとしても、上りの車両が何らかの事情で遅れていれば、通常の中継では上下両方の車両とも延着することになってしまいます。このような場合、下りの車両は通常の中継所をスルーして、次（あるいはその次）の中継所まで走って中継することで、上りの車両の延着は仕方がないとしても、下りの車両は可能な限り遅れをなくす、といったことも必要になります。

そこで期待されるのがETC2・0です。ETC2・0なら、このような技術的諸問題は解決できるのではないかと思われます。

このようなことから、高速道路内で中継できるような施設（機能）の提供が望まれます。もちろん施設利用は有料になりますが、ドライバーの労働時間短縮という点では、効果が大きいものと思われます。これはトラック運送業界全体の生産性向上にもつながります。

中継輸送におけるコスト増を誰が負担するか

このような中継輸送の導入によって、ドライバーの連続拘束時間は短縮が可能です。しかし、中継輸送はたいていコストが増えるケースが多いので、そのコストを誰が負担するのかという問題が生じます。一見、生産性向上と矛盾するのですが、現実にはコスト増になると考えたほうがよいでしょう。その場合、基本的に輸送コストとして運賃・料金に反映するのが順当な考え方です。

ある事業者は当面は荷主にコスト負担を要請し、次の段階では自社の事業拡大でコスト増を吸収することを考えています。

この事業者の中継輸送の仕組みは少し変則的です。荷主の関東工場（隣接する物流拠点）から同一荷主の関西の物流拠点に大型車で商品を運び、物流拠点とは離れた同一荷主の関西工場から商品を積んで関東工場（拠点）に帰ってきます。3日運行で、ドライバーは車中に2泊で休息をとっていました。そこで静岡県内に中継基地を設けました。最初は宿泊施設としてベッドとシャワーが使用できるようにし、車中での休息をなくしました。

用地買収と施設の建設費がかかりましたが、それ以外にも、運行管理者を中継施設に派遣し現地では事務職の社員も雇用したので、コスト増は明らかです。これについては、全額ではありませんが（運賃という形ではなく）荷主も負担することで話がつきました。

そして次のステップでは、出向している運行管理者が地元で営業活動を行って荷主を開拓し、中継基地を営業所として申請します。当然、最低車両数を保有し、ドライバーも雇用します。中継基地としてだけではなく、営業所としても新たな売上を作るようにします。

また、地元でドライバーを雇用しますから、関東から行った車両には新営業所のドライバーが乗務して納品し、帰りの荷物を積んで新営業所に帰ってきます。これが1日仕事です。

そのようにすると、関東のドライバーは同施設で1泊し、翌日には関西からのトラックに乗務して帰ってくることができ、3日勤務から2日勤務に短縮されます。

さらに、宿泊施設（ベッドやシャワー）は他社の長距離ドライバーにも有料で開放します。施設としても売上を上げることで、コストを吸収するという計画です。

イ　待機時間の短縮

ドライバーからの提案

次に待機時間の短縮です。先にも書きましたように待機時間は仕事上からみると全く必要のない無駄な時間です。極論すれば、待機時間をゼロにしても仕事においては何の支障も生じません。

しかし現実には、積み込みや荷卸しの順番待ちで、ドライバーが何時間も待機させられているという現実があります。この待機時間がドライバーの拘束時間を長くしている大きな原因のひとつです。待機時間がゼロなら理想的ですが、現実的には難しいでしょう。だが、社会通念上で常識的な範囲にまで待機時間を短縮できれば、ドライバーの拘束時間は大幅に短縮されるはずです。

ドライバーからの提案で待機時間を短縮した事業者の例からみることにしましょう。

この中小事業者は、荷主であるメーカーの工場に隣接した物流センターの管理・運営と、大型車による拠点間長距離輸送、当該センター管内の大型小売店や問屋などの物流センターへの納品業務などを行っています。

このうち小売りや問屋の物流センターへの納品業務部門では、配送車の出発時間に応じて早朝、午前、夕方とドライバーの出社時間を3交代制にしていましたが、ドライバーからの提案で3交代制から4交代制に移行したのです。

納品先のひとつに、物流センターが24時間稼働している問屋があります。同社の車両が納品に行く時間帯には他社の納入車両も集中します。そのために納品受付までの待機時間が発生していました。ですが、少し時間をずらすとセンター側の荷受け作業の態勢に余裕があって、短い待ち時間で納品することができます。このような現場の実態を経験的に観察していたドライバーの人たちから、物流センターへの到着時間をずらすようにしてほしい、という要望が社内で出てきました。

時間を少しずらして、他の事業者の納品車両が集中する時間帯を避けて到着するようにするだけで、待機時間が大幅に短縮されるからです。ずらした到着時間から逆算して、出社時間と出発時間を変えれば拘束時間が短縮できる、というのがドライバーの人たちからの提案です。

出発時間を遅らせても、発荷主の物流拠点は自社で運営しているのですから問題はありません。すると着荷主に支障がなければ、納入時間をずらすことができます。そこで着荷主と話し合ったのです。

現在の出社時間、出発時間では納品先で待機時間がある場合に、到着時間をずらすことができれば、それに合わせて出社時間、出発時間を変更できます。これまでは納品先で待機していた時間分だけ拘束時間が短縮できるというドライバーからの要望（提案）がきっかけでした。

事業者自らの意識改革

待機時間の短縮にしても、それ以外の現場の労働条件の改善にしても、できない理由として「そうはいっても荷主が云々」という言葉がたいてい返ってきます。確かに最終的には荷主の了解が必要かもしれませんが、実際には事業者同士の考え方の一致や取り組み次第で解決できる部分が大きいのです。

それに荷主側からすれば、仕事に何ら支障がなく、コスト増にならなければ、反対する理由は何もありません。むしろ取引事業者のコンプアライアンスなどは、自社のイメージアップにもつながります。

なぜ事業者同士で大部分は解決が可能かというと、それは、出荷のセンターも荷受けのセンターも、実際の現場はほとんど事業者が業務を受託して行っているからです。荷主が自社で直接管理・運営しているケースもありますが、全体から見ると少ないです。したがって自ら取り組む姿勢が事業者にあれば待機時間などの改善は可能です。

それを阻害している要因は、事業者側の意識の問題が大きいものと思われます。

まず、実際の現場業務を丸投げしているような元請け事業者の場合です。現場の仕組みに無理や無駄があって、下請け事業者の作業員にしわ寄せすることで何とか結果オーライになっていたとしても、自社のマージンが減るようなことにならなければ、待機時間などを改善する必要を感じません。

ただし、下請け事業者に労働基準監督署が監査に入るような事態が発生すると、元請け事業者は慌ててコンプライアンスを声だかに叫ぶようになるのが通例です。これは法令順守の精神というよりも、自己保身の精神の発露です。このような業界構造も、待機時間やその他の改善を阻害している要因のひとつです。

それに対して、発の拠点も着の拠点もそれぞれの元請け事業者が自社でオペレーションしているようなケースです。このような場合の特徴は、自社の車両が他社のセンターで長時間待たされることには不合理だと不満を露わにしますが、自社が運営しているセンターで他社のトラックを長時間待機させていることに対しては極めて鈍感だということです。このような事業者の意識構造にも問題があります。

さらに、再三述べているようにドライバーの賃金が歩合制になっていることも、待機時間という無駄な時間に対する改善意識の希薄さのベースになっています。

いずれにしても、発の拠点も着の拠点も事業者が業務を受託しているのが普通ですから、「荷主云々」の以前に自ら改善するという意識を持つことが重要です。

納入時間帯予約制

では、事業者自らが待機時間の短縮に取り組んでいるケースをみることにしましょう。

この事業者は、荷主の工場の敷地内にある物流センターで荷受けや出荷業務をしています。そのうち荷受けに関しては、同社独自の考え方に基づいて納入時間の電話予約制を導入しました。

この物流センターには、荷主の全国各地の工場や、系列の工場などから、毎日、商品が大型車で幹線輸送されてきます。従来は早朝に到着した大型トラックが工場（物流センター）の門の近くを先頭に路上に列をなして駐車し、センターの作業開始時間まで納品の順番を待っていました。少しでも早く荷卸しするためには前のほうに並ばなければなりませんから、早く門前まで到着して待機していたのです。

そこでこの事業者は、納入時間の電話予約制を導入することにしました。長距離輸送なので前日に荷物を積んで出発する時（あるいは途中から）、ドライバーが電話で納入時間を予約するという仕組みです。予約時間帯はセンターの作業開始から基本的に30分単位で設定しています。これなら帰り荷

待機時間短縮の例

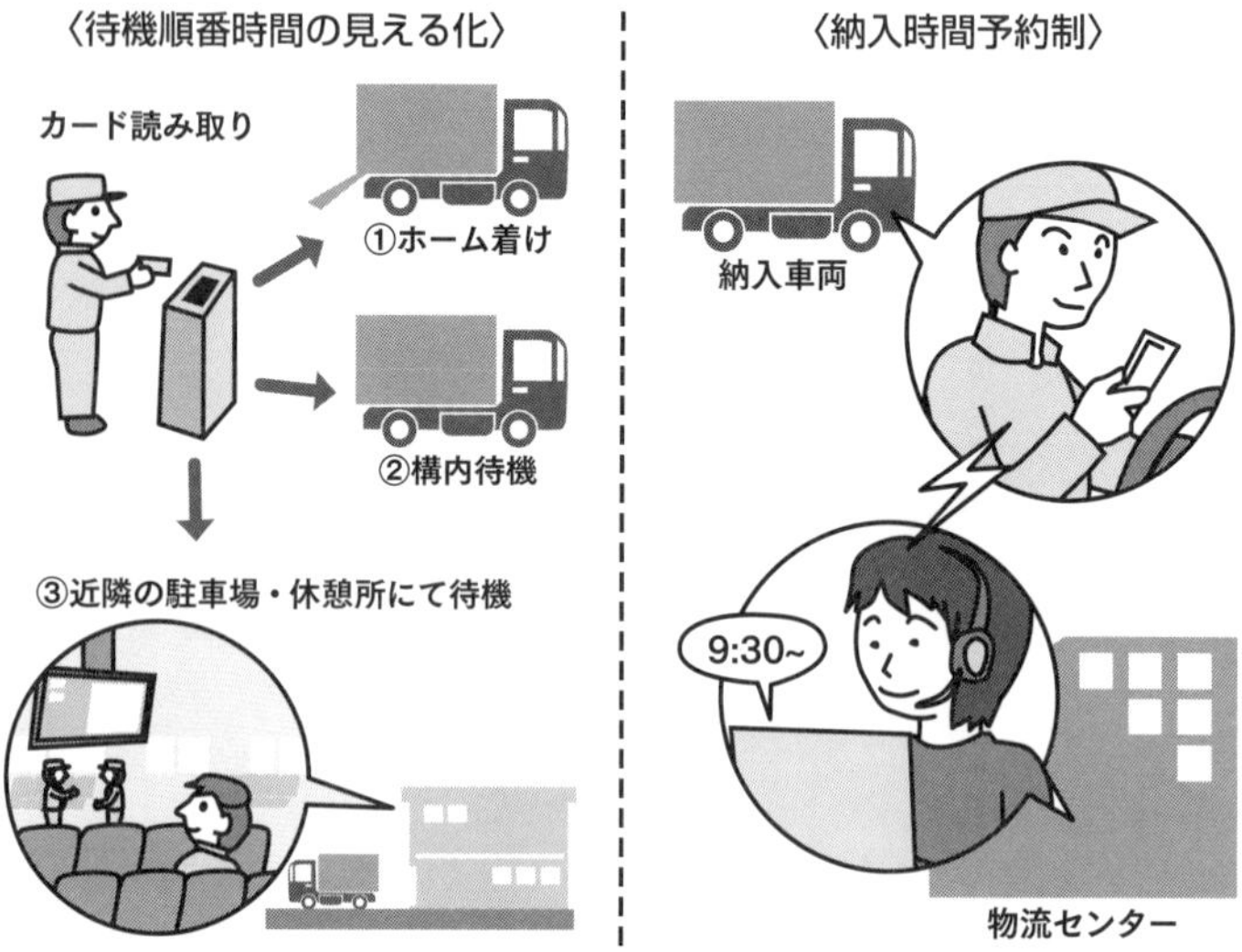

の積み込み時間などを考えて納品時間を予約し、ドライバーは途中のパーキングなどで仮眠をとったりすることもできます。

しかし、電話予約だけでは時間帯が集中して、なかなかつながらないようなこともあったので、その後、専用アプリも導入して予約しやすいようにしました。

納品の順番待ちのための待機時間が大幅に短縮されたことはいうまでもありません。もちろん、路上にトラックが並んで開門を待つような状況もなくなりました。しかし、効果はそれだけではありません。

この納品時間の予約制度を導入したら、センターを運営している事業者側にも効率化効果が出て生産性が向上したのです。荷受け作業にムラがなくなり、作業の流れが効率的でスムーズになりました。そのため、フォークリフト作業者やその他の庫内作業者の残業が減少したのです。

同社では納品車両だけではなく、出荷車両についても待機時間短縮に向けた取り組みを進めています。

待機順番の見える化と出荷場所の集約

次に、事業者と荷主が協力しあって出荷までの待機時間の短縮に取り組んだ事例をみることにしましょう。

この事業者は、以前から積み込みの待機時間の短縮を荷主に要請していました。荷主は製造業で工場からの出荷です。同社ともう1社で役割を分担して輸送業務を担っています。この事業者は自車両（40％）と傭車（60％）で長距離輸送と近場の配送を担当しています。自車両だけでなく帰り便として委託している傭車の待機時間の改善も大きな課題でした。

再三の要請に荷主も徐々に協力的になりました。そして待機順番の見える化や、出荷場所の集約化による移動時間の削減を実現したのです。

まず、待機順番の見える化の実施が先でした。事業者の配車担当者が前日に、どの荷物を運ぶ車両は何号車という情報を工場の物流担当者に知らせておきます。この事業者の事務所は荷主の工場のすぐそばにありますが、自社のドライバーだけでなく傭車先のドライバーも到着すると、会社名・ドライバー名・車番その他の必要情報が入力されたカードを事務所のスキャナーにかざします。すると瞬時に工場側から、①ホーム着け、②構内待機、③構外待機のいずれかの指示が出ます。

ホーム着けなら工場内のホームにすぐトラックを着けて積み込みができます。構内待機の場合は5台程度の待ちで、構内の待機場所で順番を待ちます。

それに対して構外待機は、事業者の待機場に車両を駐車し、休憩所で休むことになります。休憩所には順番などが分かるような液晶画面のモニターが設置されています。それを見れば経験的にあとどのくらいの待ち時間かが判断できます。その他にも、携帯電話のメールアドレスを登録しているドライバーには、メールでも連絡が入るようになっています。メールアドレスを登録するかしないかはドライバーの自由意思によります。登録が嫌だというドライバーには、事業者が用意した携帯電話が休憩所に備えてあって、その携帯電話からアクセスすれば、順番などが分かるようにもしてあります。

次に積み込み作業です。積み込み場所は荷主工場の構内に何カ所かあります。さらに外部倉庫も複数ありました。これは製品によって出荷場所が違うからで、その中には工場からの移動時間が40分もかかるような外部倉庫もありました。そのため外部倉庫までの移動などの無駄な時間もあり、積み込みだけでも時間がかかっていました。

そこで待機順番の見える化の次に、出荷場所を集約化したのです。工場の近くに荷主が物流センターを建設して、複数の外部倉庫を集約化しました。また、同じ便で運ぶ荷物を事前にまとめて準備しておき、トラックが着いたら積み込み作業も短時間で終了するように改善しました。

冷凍機を使わずに短時間予冷

冷凍車でも常温の荷物を積んで運ぶことがあります。常温の荷物を納品して、今度はチルドやフローズンの荷物を積んで帰るようなケースでは、常温の荷物を下ろしてから次の荷物を積むまでの間に庫内を予冷しなければなりません。

車載冷凍機でトラックの庫内を予冷するには約2時間を要します（冷凍機の大きさが違うので4ｔ車でも大型車でもほぼ同じ時間が必要です）。その間、高回転にしてエンジンをかけ続けなければなりません。CO_2排出はもちろん、物流センターなどの立地条件によっては、近隣への騒音などが問題になるケースもあります。それに、すぐに積んで出発することができませんから、車両の回転や、ドライバーの待機時間などにも関連してきます。ここで紹介する事例は省エネなどの項に加えてもよいのですが、待機時間の短縮ということでここに分類することにしました。

まず、この冷凍・冷蔵倉庫は冷凍機がないという珍しい冷凍・冷蔵倉庫でした。地元のガス会社のLNGプラントに近いので、冷媒（フロンガスなどマイナス160℃）をダクトで供給してもらって冷やすという冷蔵・冷凍倉庫だったのです。ただし現在はLNGプラントがなくなっています。

この事業者は、急速凍結室の冷熱を利用して冷凍車の庫内を予冷し、CO_2排出量を大幅に削減し、また予冷時間を大幅に短縮することで車両回転率を高めることに成功しました。

簡単に仕組みを説明すると、トラックをバックでドックシェルターにつけます。トラックの後部ドアは一部を改良してあり、バルブを開けてファンを回して急速凍結室の冷気をトラックの庫内に送り込んで予冷する、という仕組みです。

トラックは冷凍車ですが、フローズンならフローズン、あるいはチルドならチルドの荷物だけを積むとは限りません。様々な温度帯の荷物を組み合わせて稼働率を高めているのが現状です。この事業者は、ドライ→チルド、ドライ→フローズン、チルド→フローズン、といった組み合せが比較的多いといいます。利益を生み出せるかどうかは、車両の回転率を高めるような配車によって、経営資源であるトラックをどれだけ効率的に稼働することができるかどうかにかかっている、といっても過言ではありません。つまり生産性の向上です。

開発した新システムでは、トラックのエンジンを使わずに、しかも所要時間が約15分で予冷が完了します。その間、厳密にいえば消費実効電力のCO_2が排出されることになりますが、エンジンからのCO_2排出は当然ありません。もちろん、予冷のために必要とする軽油コストはゼロです。また、予冷時間が2時間から15分と、約8分の1に短縮されるので、車両の回転率が向上しますし、待機時間も大幅短縮になります。

この事業者は、「保冷車の予冷システム」の名称で特許を取得しています。

ウ　作業時間の短縮

現場状況を把握して荷主と交渉

運行時間短縮、待機時間短縮の次は作業時間の短縮です。

作業時間の短縮など労働環境の改善に取り組むには、まず経営者や管理者が現場の実態を具体的に把握することが必要です。

保有車両約20台のある中小事業者は、可能な限り経営者自身が発荷主や着荷主の現場に出向いて、ドライバーの話を聞くようにしています。毎日、終業時の点呼の時に1日の仕事について報告を受けるだけではなく、現場の状況なども可能な限り話を聞くように努めています。もちろん作業報告書にも目を通しています。しかし、それだけでは十分とはいえない、というのがこの経営者の認識です。

ドライバーを疑っているわけでありません。みんな正直に報告しています。ですが、「現場から時間的にも距離的にも離れれば離れるほど話は抽象的になる」とこの経営者は考えているからです。逆にいえば、現場に距離も時間も近いほど具体的で現実的になる、ということです。現場の作業環境や作業条件などを改善し、作業時間を短縮するには、抽象論ではなく具体的に検討しなければなりません。

そこで、できるだけ現場に足を運び、現場でドライバーと話し合います。その話の内容をその場で短い文章にしてスマートフォンから事務所のパソコンにメールで送信します。また、必要に応じてスマートフォンのカメラで現場の写真を撮り、やはりメールで送信します。

このように収集した現場の実態を整理して、荷主の担当者と会う時にはノートパソコンを持参して画面を見ながら改善策などを話し合います。これは事業者にとってはドライバーの作業時間短縮への取り組みの一環です。同時に、荷主にとっても現場の作業の効率化につながる提案ということになります。

また、保有車両30数台規模の中小事業者も、経営者ができるだけ現場に出向いて実態を把握するようにしています。建設現場に資材などを運んでいる事業者です。

この経営者は社員満足度を向上する必要性を痛感するようになりました。そこで賃上げや賞与の増額などを実施してきました。併せて作業環境の改善にも取り組んでいるのです。そのためには経営者が現場の実態を知らなければならないという考えなのです。

現場の状況を具体的に知れば、どのように変えれば作業が効率的になるかがみえてきます。また、安全などについても、現場がどのようになっているからどのようにした方がよい、と具体的に指導できます。とくに建設現場は工事の進捗状況によって納品場所や条件がたえず変化するので安全には気をつけなければなりません。現場の実態を踏まえた具体的な指示なら、ドライバーの受け止め方も違います。

安全性を高め、作業時間の短縮を図って生産性を向上するには、経営者や管理者が現場の状況を具体的に知ることが重要です。

ケース・バイ・ケースで工夫の余地はある

納品現場での作業時間の短縮は、少し工夫するだけでも可能です。

これは長距離輸送をしているある中小事業者が、現場の実態に応じた拘束時間短縮策を講じたケースです。この事業者は、製造業の荷主の工場から出荷されたパレット積みの荷物を輸送しています。そして納品先では着荷主のパレットに積み替えて納品していました。

違うパレットへの積み替えは、納品先での手作業のために時間がかかり、ドライバーの長時間労働の大きな要因になっていました。また、他社のトラックも納品に来ているので、お互いに長い待機時間の原因でもあったのです。

そこでこの事業者は、着荷主のパレットを借りて持ち帰るようにしました。発荷主からパレット積みで引き取ってきた荷物を、自社の施設に持ち込みます。そして借りてきた納品先のパレットに自社の施設内で積み替えてから運ぶようにしました。

積み替え作業は別の人がやるので、ドライバーの拘束時間が短縮されます。また、自社の施設内の方が納品先で積み替えるよりも、作業時間を大幅に短縮できるそうです。

このちょっとした工夫で、ドライバーの納品先での納品作業時間が大幅に短縮できました。納品に来るトラックが全部、同じような方式にすれば、納品先での手待ち時間の短縮も大幅に進むはずです。

このように作業時間の短縮は、それぞれ事業者の現場の実態に応じて、ちょっとした創意・工夫をすれば少しずつではあっても実現できます。現場の状況に応じて、ケース・バイ・ケースで工夫する余地はあるはずです。具体的に現場の状況を知れば改善策が頭に浮かんできます。

3 労働時間短縮と賃金アップという二律背反の克服

許容限度時間から毎日の消化時間を引き算した労働時間管理

拘束時間短縮の課題に直面しているのは、長距離輸送の事業者だけではありません。長距離輸送ほどではないにしても、中近距離輸送でも共通する課題です。物流センターからの店舗配送を行っているある事業者は、ずっと以前から、時間管理を徹底してきました。コストも運賃・料金も労働時間も、時間を基本単位として管理してきたのです（燃料コストだけは距離を基本に管理）。

ここでは拘束時間についてだけ簡単に手法を紹介しますと、社内で独自に作成したソフトに、月初めに1人ひとりの1カ月間の拘束時間などを入力しておきます。そして毎日、消化した時間を引いて行くと、月内の残り時間が自動的に分かるという仕組みです。

残りの時間をみながらドライバー間での交代乗務などによって、月末までの許容時間を毎日コントロールするのです。

つまり、基本的な考え方は預金残高と同じです。月初めに1カ月分の生活費がいくらあるか。それを少しずつ引き出して毎日の生活費に充てると、引き出すたびに預金残高は減って行きますが、月の上旬や中旬に使いきってしまうと月末まで生活ができなくなります。そこで残高を見ながら1カ月生活できるように支出をコントロールするというわけです。

1カ月の拘束時間などは法令に定められた範囲で決めます。そして総時間数がレッドラインを超えているかなどを本部でチェックします。そのため同じ営業所内でドライバーが交代して違った取引先の仕事をしたり、営業所間で月のうち何日間かはA営業所、その他はB営業所といった勤務形態のドライバーもいます。このような異動を「スキルアップ異動」と呼んで、あくまでスキルをアップするための異動としています。なお余談ですが、同社ではこのようなデータに基づいて適正人員を決めたり、人事異（移）動も行っています。

それでも許容時間内では対応できないこともあります。その場合には、翌月の時間を前借りするような考え方になります。

賃金にも時間の概念が必要＝時間制賃金制

生産性をどのように向上するか。少なくとも長時間労働と歩合制賃金という従来の業界「常識」から発想を転換しないと前に進みません。

ドライバーの賃金をそれまでの100％歩合給から時間制賃金制に切り替えた中小事業者がいます。労働基準監督署も法的にクリアできているという判断です。

この事業者の時間制賃金は、デジタコのデータをベースにした時間管理による時間給です。帰社したドライバーのデジタコ記録を事務員がエクセルベースに落とし込み（入力は半自動で作業の軽減化を図っています）、毎日、表にして拘束時間、休憩時間が分かるようにし、時給計算する仕組みです。勤務記録表の項目の拘束時間には、運転時間、待機・作業・点検、荷積・荷卸、休憩などがあります。このうち運転＋待機・作業・点検＋荷積・荷卸の合計時間が時間給の対象となります。待機時間とは寝ていられない状態であり、寝て待っていることが可能な状態は休憩時間と規定して契約書に明記しています。

コンプライアンス面でも勤務記録表で改善基準告示のチェックができます。拘束時間の警告では、赤＝16時間を超えたもの、黄＝15～16時間（1週間に2回でNG）、休息時間の警告では、A（赤）＝継続で8時間未満のもの、B（黄）＝8～9時間（1週間に2回でNG）です。運転時間の警告では、

①特定日と特定日前日の運転時間の平均と特定日と特定日翌日の運転時間の平均がともに9時間を超える場合にはNG（表示されている平均は2日間の平均が小さい方）、②1週間の運転時間は特定日より2週間の平均とし44時間を超える場合はNG、といったように、色別などで一目で分かるように工夫しています。

時間制賃金では、同じ1時間でもよく働く人とそうでない人が同じに評価されてしまう。むしろ仕事ができない人のほうが残業代が増えるからダメという経営者もいます。それは賃金をただ時間換算で計算するだけの制度で、労働の内容やレベルが反映できるようにしていないからではないでしょうか。

だが、この事業者の時間制賃金は、ポイント評価制度も表裏の関係として導入したものです。ポイント評価は、時間制賃金のベースになる時給単価の違いで、よく働く人が正当に評価されるようにするためのものです。また誰にでもそれを分かりやすくするためでもあります。

ポイント評価制度は10段階で自己評価をし、会社評価との差を個別に話し合い、その評価の差をドライバーに理解してもらうとともに、改善点も明確にするというものです。評価シートの項目の概要は、積極性・貢献度項目（勤続年数、積極性や貢献度）、意識項目（安全意識、車両管理意識、交通ルール意識）、スキル項目（運転スキル、作業スキル、点検・整備）などで、それぞれに10点評価で自己採点します。さらにこの半期の自身を振り返り、次の半期の自身の取り組み目標、キャリアビジョン（自己目標）などについても記入するようになっています。

この自己採点と会社採点の差を話し合って評価ポイントを決めます。ポイント評価の見直しは3月と9月の年2回行い、次の半期（半年間）の時給額を決めます。この時給単価をベースに時間制で賃金が計算されて、毎月（半年間）の賃金が決まるのです。

また、自己評価と会社評価の差を話し合う中で、自分がどのようなことを改善すれば、次の評価見直しの時には会社評価が上がるかという改善目標も明確にします。その結果、半年後に評価ポイントが上がれば、時給単価も上がることになるわけです。これは従業員がスキルアップに取り組む気持ちを喚起することにもつながります。

時間制賃金と併せて、この間、有給休暇の計画的取得などにも取り組んできました。

この事業者の場合、時間制賃金の導入でドライバーの平均賃金は上がりました。有休取得率なども増え、労働時間短縮と賃金アップの二律背反は克服しましたが、生産性向上という面ではどうでしょう。同社ではこの間、売上高に対する人件費比率は下がっています。これには賃金制度以外の要因もいくつかありますが、経常利益率も年々高くなって生産性が向上してきました。

5 ＩＴの有効活用による生産性向上

拘束時間・労働時間などの管理と法令順守

生産性の向上にはＩＴを有効に活用することも重要です。これまでみてきた生産性向上への取り組みでも、ＩＴは上手に利用されています。安全運転や省エネ運転などはその典型です。生産性の向上を図るためにＩＴを有効に活用するということは当然の前提になっています。

このように今の時代、トラック運送企業の経営においてＩＴは不可欠な道具ですから、生産性の高い事業者においてはごく自然に使いこなすことが当たり前です。ですから、本当は改めて「ＩＴの有効活用による生産性向上」という項目をたてる必要はないのです。ですが、「ＩＴ」という章が入っていないと、「今時ITについて触れてもいないない」といった声が聞こえてきそうです。ITを道具として活用し、生産性の高い事業を行っている人たちにとっては、とくにITの活用について触れる必要はないと思いますが…。

そこで、あえてITの有効活用による生産性向上という章を設けて、いくつかの事例の紹介を通して考えたいと思います。あくまで、ITの「有効活用」であって、ITの「導入」やITの「操作方法」ではありません。

まず、トラック運送企業の多くで頭の痛い課題になっている、ドライバーの拘束時間や労働時間の順守です。

これについては、前章で紹介した労働時間の管理と賃金の計算が格好の参考材料になると思います。1カ月の許容時間から、毎日、その日に消化した時間を引いていくことで残りの許容時間を管理している事業者、あるいは拘束時間や労働時間の管理を、デジタコのデータをもとに、独自に社内で開発したエクセルベースの管理表で管理し、さらに所定外労働の割増賃金の計算に活用しているようなケースです。

デジタコやドライブレコーダーはたいていの事業者が導入していますので、そのデータをいかに活用するかです。安全運転や省エネ運転だけではなく、法令順守に向けた拘束時間や労働時間の管理と短縮にもどのように応用するかを、各社の現場の実態に応じて考え、独自の管理システムを開発すべきです。

GPS活用で待機時間短縮と庫内作業の平準化

今度は、ITを活用して待機時間の短縮を図り、生産性を向上しようと構想しているケースです。この事業者は、大手の飲料メーカーの物流センター管理と拠点間の幹線輸送などをしています。物流センターから他の物流拠点に向けて商品を出荷するだけではなく、他の物流拠点から納品されてくる商品もあります。

物流センターには、これら納品と出荷の両方で1日に延べ600〜800台（季節波動がある）の大型トラックが発着します。トラックは自車両だけでなく、協力会社の車両も多数あります。そのような中で、納品車両も出荷車両も待機時間の短縮が大きな課題でした。

電話などによる時間予約制度も試みましたが、延べで1日に600〜800台となると、予約制度も上手く機能しませんでした。

そこでこの事業者は、GPSを活用した予測システムを導入しようと構想しています。当初の計画ではすでに導入している計画でしたが、導入が計画より遅れていて、本書の執筆時点ではまだ「予定」です。

ともかく、この事業者の構想は次のような内容です。

まず、納品、集荷の車両数が多すぎて予約システムでは対応できません。そこで予約ではなく、予

GPSを活用した待機時間の短縮

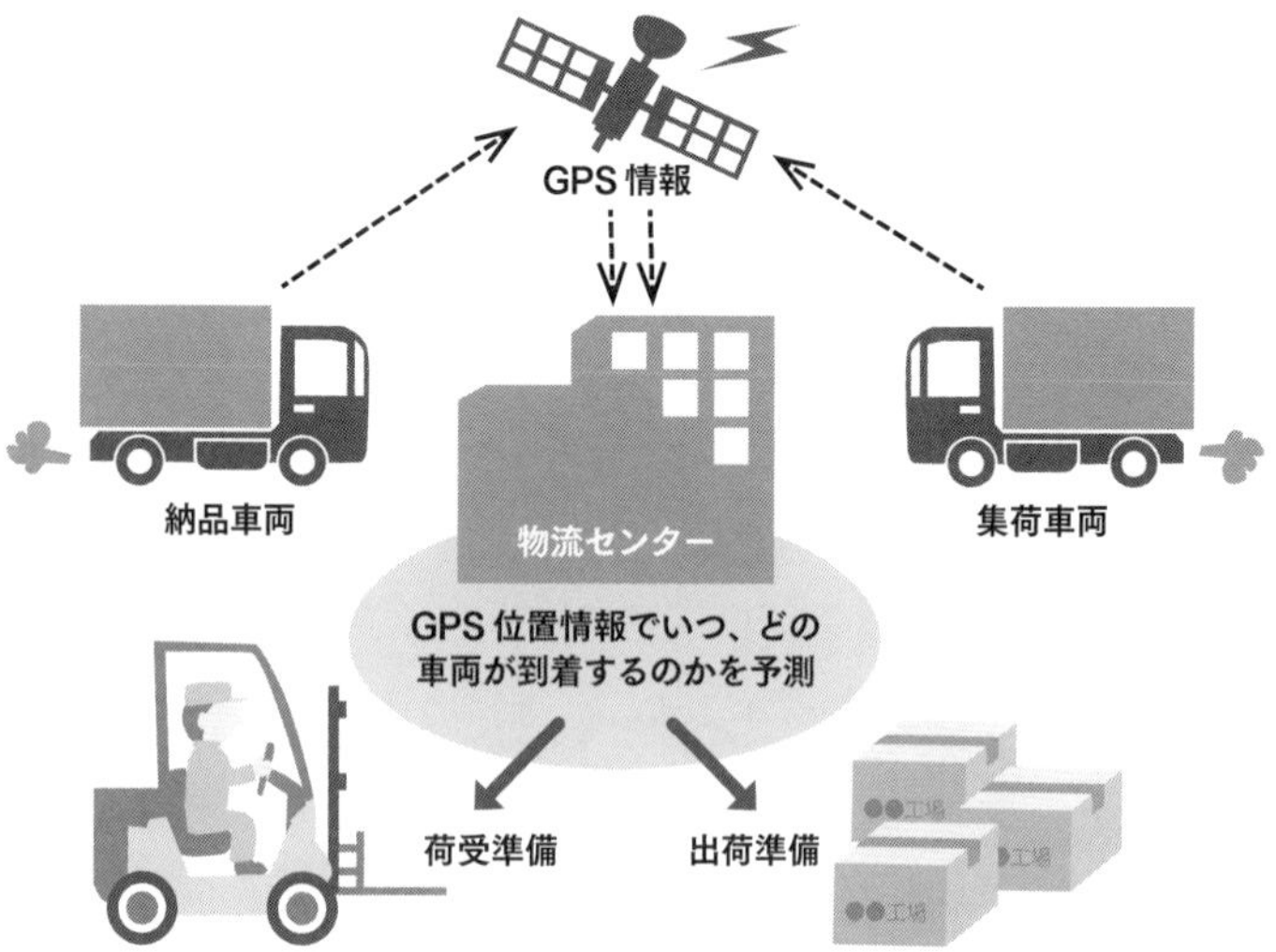

測システムを考えました。

どのように予測するかというと、納品車両や集荷にくる車両にGPSの動態管理端末を搭載します。それによって、物流センターに到着する時間をセンター側が予測します。納品あるいは集荷の何号車は現在地がどこで、どのような道路事情だから、物流センターには約1時間後に到着するという予測です。

つまり1時間後の到着を予測し、納品車両なら荷受けの準備をします。集荷車両なら1時間後にはトラックへの積み込み作業ができるように、出荷準備をしておくというシステムです。

スタート当初は自車両にGPS端末を導入して、待機時間短縮による生産性向上の効果が実証できたら、協力会社のトラックにも順次、GPS車載端末の導入を奨める計画です。

種類別・積荷単位での動態管理

東日本大震災は、部品産業などにおいてサプライチェーンの重要性を再認識させました。元請け、下請け、孫請けぐらいまではメーカーでも把握していましたが、4次下請け、5次下請け、さらにその下となると全く把握できていなかったからです。

その後も、大雪によって交通がマヒするような事態が起きました。このような時に問題になるのがトラック輸送をはじめとする物流です。小売業では店頭に商品が届かず、製造業ですと部品が供給されないために生産ラインをストップする、といった事態が発生します。

そのようなことから、一部の大手製造業では、トラックの動態管理システムに着目するようになりました。これは車両単位の動態管理ではありません。トラック自体の動態管理なら珍しくありません。複数の部品サプライヤーの部品を積み合わせて輸送し、ジャスト・イン・タイムで工場に納品しているある事業者は、積み荷単位、この場合ですと部品の種類単位の動態管理までのシステムを開発しました。

部品によっては組立ラインで組み立ての順番を変えることが可能なものもあるといいます。たとえば部品A、部品B、部品Cの順番で組み立てる製造ラインですが、場合によってはB、C、Aの順番でも組み立てが可能なラインもあるそうです。

そこで、部品BとCは揃っているが、部品Aは自然災害などによる道路渋滞で納品が遅れているとします。その場合、どこでどのような状態になっているかが分からなければ、製造ラインを止めなければなりません。しかし、部品単位での動態管理ができれば、最初にB、次にCを組み立てている間にAが納品されるといったことも判断できます。すると通常より作業効率は劣っても、ラインを止める必要はなくなります。

つまり、部品単位での動態管理ができていれば、通常の組立順番を変えて納品が遅れている部品を最後に組み込むことで、手順は変わっても製造ラインをストップしなくてもよいという判断も可能になるというわけです。

また、東日本大震災の時に問題になったサプライチェーンでも、部品単位の動態管理ができていれば、メーカーにとってはスペックどおりでさえあれば、第何次下請けで作られていようとも関係ないことになります。

このような動態管理システムになると、事業者だけではなく荷主にとっても生産性向上に寄与するITということになります。

動態管理で1運行ごとの収支を把握

また動態管理システムに関するIT活用の生産性向上ですが、動態管理システムで1運行ごとの収支を管理している事業者もいます。

この事業者は20年ぐらい前に、動態管理システムを独自に開発して導入しました。全車両に車載端末を搭載し、ＧＰＳによる位置情報システムで車両と事業所間を結んで運行状況をリアルタイムで把握しています。

このシステムでは運転作業日報の出力、拘束時間、急ブレーキの回数、スピード分布、アイドリング時間、燃費その他のデータも把握でき、安全運転指導や省エネ運転指導にも活用しています。つまり実質的にはデジタコ機能も果たしているのですが、デジタコとは認められていません。

それはともかく、このシステムでは1運行あたりの採算も分かるようになっています。採算データをもとに管理部門と各営業所長とが打ち合わせをしたりします。したがって、運行管理と売上管理という2本柱のトータル経営管理システムで、その一部として車両の動態管理があるという位置づけです。社内の各部署でその部署が管理上必要なデータを出力できるようになっていて、そのデータをもとに様々な検討ができる動態管理システムです。

コンプライアンスに基づいた配車では、納品時間を厳守するために荷主（サプライヤー）と出荷時間などを話し合い、ドライバーの拘束時間などに関しても、同システムのデータをもとに営業担当者が荷主と話し合います。納品時間から時間を逆算してサプライヤーと出荷時間を検討しますが、冬場は1時間早めて出荷するなどの対応をしており、その話し合いの時にＧＰＳシステムによる動態管理データを活用しています。

運行管理と売上管理を2本柱としたトータル経営管理システムとしての動態管理システムですが、問題は費用対効果です。この事業者は、車両1台あたりのコストという点では、貸切輸送ではコストの吸収が難しいだろうといいます。積み合わせ輸送なので、このシステムを活かして稼働効率が高められるからコストを吸収できるということのようです。逆にいうと、システムコストを原価に反映できず、荷物量の増加という形でコストを吸収していたことになります。

現在（取材時点）、グレードアップをしていますが、ドライブレコーダー、ETC、アルコールチェック、IT点呼などを一体化したシステムにし、さらにISO39001などと一元管理できるようにできないかなどもシステム担当とISO担当で検討しています。クラウドで社内の各営業所や部署だけでなく、荷主も自分の荷物（部品単位）が何号車でどのような状態になっているかなど、誰でも必要なデータを出力できるようにする計画です。ただし、1運行ごとの採算などは荷主はもちろん社内でも必要な部署しかみられないようにします。

さらに、そのコストを今後は原価に含めていけるようにすることが課題です。そうすれば今まで以上に生産性を向上できるからです。

6 危機管理と生産性

生産性の高い経営が最大の危機管理（運送面）

ここでは危機管理を生産性との関係でみることにしましょう。東日本大震災は中小規模のトラック運送事業者にもＢＣＰ（事業継続計画）策定などの必要性を認識させました。このＢＣＰにしても、実は、生産性と強く関連しています。

東日本大震災で被災して大きな被害を受けながら、いち早く経営再建を図った事業者がいます。会社の事務所が全壊し、30数台の保有車両の約半分を失いました。従業員全員が無事だったのは不幸中の幸いです。

この事業者は、運輸支局に申請した仮事務所を拠点に、震災の約3カ月後の6月下旬から事業を再スタートしました。いち早く事業再建に立ち上がることができたのは、取引先や従業員に恵まれたということもありますが、主体的条件としては、財務内容がよく内部留保があったからです。

そのような経営が30台規模の事業者で可能なのでしょうか。このような問題意識をもって取材した結果、次のような経営をしていたということが分かりました。

①荷物には地元発と地元着がありますが、発の荷物だけではなく、着の荷物も確保するような事業をしていました。一般的な帰り荷だけではなく、地元で消費される商品の配送業務などです。②特定荷主への売上依存度を下げるように努力していました。発の荷物も着の荷物も特定荷主への過度の依存を避け、多数の荷主を持つことで、1荷主の売上を10％以下に抑えていました。③単純な貸切運送ではなく、複数の荷主の荷物を積み合わせるなど、独自のシステム化したサービスを構築していました。④常に内部留保比率を高めて財務の安定化を図るような経営をしていました。震災などで大きなダメージを受け、企業の再建を期すために必要なのは資金ですが、内部留保の有無が大きく左右します。そのためには前述の①～③ができているかどうかが重要になってきます。

また、東日本大震災の被災地とは遠く離れた地方ですが、大震災から約半年後の9月にはBCPを策定した中小事業者がいます。専門家のアドバイスを受けながら策定したのですが、やはり常日頃から財務内容の安定化などが前提になることをしみじみ実感したといっています。

つまり、これらの取材から見えてきた教訓は、ＢＣＰの策定なども必要ですが、それ以上に「平時に経営の基本に忠実であることが非常時における最大の危機管理」ということです。たとえば荷主１社に依存していて、その荷主が壊滅的被害に遭ってしまえばどんなにりっぱなＢＣＰを作成していても意味がありません。結局のところ、危機管理のためには生産性の高い経営が必要ということになります。

社内技術部門でいち早く自力復旧（設備面）

今度は倉庫などの設備と危機管理という面からみることにしましょう。東日本大震災によって倉庫などの施設にも大きな被害が出ました。とくに自動倉庫の場合は復旧に時間がかかったようです。

ところが、被災した6カ所の自動倉庫を、自社内で短時間に復旧した事業者がいます。この事業者は、故障した自動倉庫6カ所のうち5カ所は当日中（24時間以内）に、また残りの1カ所も5日目には、社内スタッフの力だけで復旧させました。

この事業者は過去の大きな地震の時に自動倉庫が被害を受けました。荷崩れや動かなくなった自動ラックの復旧作業に延べ８００人を投入した経験があります。これらの反省から、教訓を無意味にしないために事前に対応策を講じていたのです。

同社では過去の地震の時に自動倉庫にどのような障害が生じたのかを分析しました。その結果、自動ラックの中ごろから下の部分ではあまり荷崩れがしないことが分かりました。そこで特に上半分に独自の対策を施すようにしたのです。また、テレビカメラで遠隔操作ができるようにして、下半分ではつかえている荷物を無理矢理引っ張り出してしまうなど、大まかには以上のような独自の基本的対策を講じていました。

その独自の地震対策というのは、メーカーの標準仕様の荷崩れ防止をさらに補強して、サイドガードと前後ガードをダブルでつけるようにする、というものです。また、テレビカメラをクレーン上部に、さらに各クレーンサイドにキャビン（小さなエレベータ）を設置するようにしていたのです。

このように危機管理対策として独自の荷崩れ防止仕様などを社内で考案できるのは、技術系の社員がいるからです。この事業者の施設本部には車両部、情報システム部、施設マテハン部があります。施設マテハン部には40人が所属していて、全国約30カ所の施設に配属されており、平常時にはマテハンのメンテナンスなどに従事しています。東日本大震災では被害がでたセンターに全国から動員されて復旧作業に当たりました。また、事前に備えていた独自の遠隔操作を機能させることによって回復したのです。

1カ所だけは回復が5日目になってしまいました。250パレット／時が80パレット／時になってしまいましたが、無理に商品を出そうとして結果的には復旧を遅らせることになってしまったのです。そこで荷主関係者とも話し合って3日目から2日間出荷作業を止めて、復旧作業を行いました。

この事業者の場合、施設マテハン部に所属する社員を動員し、全部で17人の技術社員を3班に編成し、8時間3交代にして24時間体制で復旧作業に取り組んだのです。その結果、地震発生から5日目にはすべての施設が復旧しました。

この事業者の危機対応をまとめますと、①過去の経験を踏まえて同じ轍を繰り返さないようにしていた、②自動ラックで発生する可能性がある障害を事前に防止する装置などを独自に考案して導入していた、③自社内で復旧作業ができるような体制をとり日頃から訓練をしていた、④それぞれの現場での状況判断と全社的な判断が的確だった、などです。また、日常的には各支店長の側にバール、軍手、ホカロンなどの非常用備品を備え、冷凍庫からの脱出訓練を定期的に繰り返すなど、常に非常時に備えていました。

重量物輸送の事業者では技術社員を抱えていることもあります。たとえば大型の変圧器などを丘陵地帯の高所に運ぶ場合には、ふもとの山林に道路や橋を設計し、施工管理まで社内でする運送事業者もいます。しかし、一般貨物の事業者で、技術専門職の社員を抱えているようなケースは少ないのではないでしょうか。

7 人材確保と企業存続

1 人がいないのではなく応募者がいないのが実態

不本意非正規雇用労働者は100万人以上いる

人材確保は企業の存続に関わります。企業が存続できなければ生産性向上を図る云々も何もありません。今後は国内市場が縮小していきますから、10年ぐらいのスパンでみると現在のようなドライバー不足は緩和されてくるはずです。この理由のひとつは経済や社会のあらゆる面で縮小均衡が形成されてくること、もうひとつは荷主企業が国内市場の縮小に備えて物流の共同化などを進めてくることです。荷物の種類や幹線輸送かエリア配送かによって、また荷主のアライアンスの形態によっても異なってきますが、物流共同化によってトラックの台数を15～30％減らせるという試算もあります。このように、いずれは縮小均衡が形成され、需給バランスが変化してきますが、それまでの間、まず企業が存続すること、そのためには人材確保が重要な課題になります。同時に、生産性の高い仕組みを構築することも必要ですが、労働集約型のトラック運送業では、優秀な人材の確保、あるいは有能な人材に育成することが生産性の向上に直結してきます。

そのようなことから、人材確保について考えることにしましょう。

まず、人材確保に関して最初に書いておくべきことは、「人がいない」のではなく「応募者がいない」という現実を直視すべきだということです。人がいないのならば、募集しても応募者がいない、あるいは少ないのが当然です。つまり「人がいない」という意識は、応募者が少ない、あるいは応募者がいないことの口実や免罪符になってしまいます。しかし、人がいないわけではないのです。人はいるが応募者がいないという現実を直視して、そこから出発しなければ打開策はみつかりません。

厚生労働省の「就業形態の多様化に関する総合実態調査」によりますと、非正規社員の割合が全就業者の4割を超えました。また、同省の「『非正規雇用』の現状と課題」では、リーマンショック翌年の2009年に正規、非正規ともに雇用労働者が減少しました。その後も正規雇用労働者数は2014年まで減少を続けています。ですが、非正規雇用労働者がそれを上回って増え続け、雇用労働者の合計では２００９年以降は毎年増加しています。

この非正規雇用労働者の18・１％が正規雇用で働くことを望んでいます。正社員になりたいが、正社員として働く機会がないので仕方なく非正規雇用で働いている「不本意非正規雇用労働者」です。その人数は15～24歳で33万人、25～34歳で80万人、35～44歳で70万人（45歳以上は省く）です。また15～17歳は運転免許が取得できないのでトラックドライバーの対象にはなりませんから、15～24歳の30％が15～17歳と仮定して試算しますと、18～44歳で正規雇用を望んでいる人の数は１７３万人にものぼります。

これらの不本意非正規雇用労働者が正規雇用を望むのは、雇用の安定や安心を得たいからです。契約期間が切れて雇用が継続されるかどうか、といった不安や不安定さから脱して、継続的に安心して安定的に働けることを望んでいるのです。厚労省の資料によりますと、非正規雇用労働者では、保険や厚生年金の適用も50％強にすぎません。これも不安や不安定さの大きな要素です。

また、同資料によりますと、短時間勤務者を除く一般非正規雇用労働者の賃金で一番高いのは、60歳以上を除きますと、35～39歳で平均時給は１２６１円です。それを基準に残業代や法定福利費を加えて試算してみても、トラック運送企業として支給不可能なほどの人件費ではないでしょう。また仮に44歳の人を採用しても約20年は勤務できます。

このようにみてくると、人がいないから応募者が少ないという「常識」が必ずしも正しいとはいえないのです。一般に人口減少がいわれていますが、何の検証もなくそれを無批判に受け入れてしまうと「人がいない」ということになってしまいます。「人はいる」のに「応募者がいない」のはなぜか、という発想に切り替えるべきなのです。

そうすると不本意非正規雇用労働者に対象を絞り込んだ募集を考えることもできます。

そしてまず、「正規で働きたいのに非正規で働いている人を正社員として募集します」という募集方法になります。

正規で働きたいのになぜ非正規でしか採用されないのか。理由はいろいろあるかもしれませんが、非正規で働いていた期間は一般には「経験」とみなされないというのも理由のひとつです。それなら「運送業は未経験でも、これまで非正規で働いてきたいろいろな経験は努力次第で必ず活かすことができます」とすればよいわけです。

安定や安心は、「社会保険や厚生年金にも入って安心して働いてください」となるでしょう。社会保険に加入していないような事業者は論外です。

前述のように18～44歳の不本意非正規雇用労働者だけでも、推計173万人もいます。そのような人に照準を絞り込んだ募集をしているかどうかをまず考えてみてはいかがでしょうか。

ネガティブな発想からポジティブな発想への転換

さらに勤務時間の制約がネックになってパートで働いている人たちも多くいます。そこである事業者は、ワークシェアリングという考え方を取り入れました。近場で1日に何回転もする運行形態の場合、2回転目からの勤務や、最後の運行前に勤務を終えるなど、交代制による柔軟な勤務体制の導入です。新聞輸送でも、朝刊と夕刊の輸送を別のドライバーにするなど、柔軟な勤務形態で募集をしている例もあります。

不本意非正規雇用労働者だけではなく、「人はいる」のです。ですから、その人たちを取り込むための工夫をすべきなのです。そのために必要なものは何か。まず最初に自分たちの発想を転換することです。それはネガティブな発想からポジティブな発想への転換です。自分たちの不利な条件をあげるのではなく、自分たちの有利な面に目を向けるべきです。

たとえば長時間労働を考えてみましょう。厚労省の資料などをみますと、確かにトラック運送業は長時間労働になっています。これは事実でしょう。しかし、トラック運送業などは労働時間が統計数値としてかなり正直に反映されていると思います。

統計数値には表れていませんが、金融業界や営業職、ネット関連などで働いている人たちの中には、トラックドライバーよりもずっと長時間の労働をしている人たちがいるものと推測されます。いわゆるホワイトカラー（最近のＩＴ関連で働く人たちは「カジュアルカラー」かも知れません）の人たちは「足きり残業」があるはずですが、建前の労働時間しかデータとして表れていないように思います。営業職では、最初から残業という考え方のない働き方を前提にしている人たちもいます。それに対してブルーカラーの人たちはかなり正確に労働時間が統計数値として出てきます。

このようなことを求人票に書くことはできません。しかし、面接時に口頭で述べるだけなら問題はないでしょう。もちろん、労働時間短縮に取り組むことは当然ですが、何事もポジティブに発想することです。

また、厚労省などの資料によれば、トラック運送業界は他産業と比較して低賃金です。長時間労働と同様に低賃金も事実ですから、少なくとも他産業並みの賃金水準に引き上げる努力が必要です。そのためには生産性を向上しなければなりません。

ですが、他産業より優れている面にも目を向ける必要があります。それは、女性のドライバーも男性のドライバーも、同一労働なら同一賃金だということです。

賃金水準自体が低いという点では正直にいって不利なのですが、男女同一賃金という点では、（本来当たり前のことですが）他産業より進んでいるはずです。つまり見方を変えればトラック運送業界は先進的な産業ということになるのです。

したがってネガティブな発想の連鎖、すなわちネガティブ・スパイラルに陥ることなく、ポジティブに攻めの気概を持つことがリクルートでも必要です。自分たちの業種や会社経営に自信がないけれど、うちで働いてくれますか、というのでは誰も見向きもしません。この点では待遇がよいとはいえないが、このような点では他産業（他社）より優れているし、力を合わせてもっとよくしていかないか、と呼びかけるべきです。

ここで外国人労働者についても簡単に触れておきましょう。業界の一部には外国人労働者がドライバーとして働けるようにすべきだ、という意見もあります。このような人たちの多くは、ドライバー不足を解消するためといいます。ドライバーが確保できなければライフラインとしてのトラック輸送が止まってしまう。そのような事態を避けるためにも必要だ、というわけです。しかし、外国人ドライバーを安い賃金で雇用したい、というのが本音ではないでしょうか。

ここで考えなければならないのは、外国の人たちも日本国内で自由に働けるようになったら、職業（会社）を選択する自由がある、ということです。現在は不法入国や不法滞在と思われるような人たちがいて、日本人が嫌がるような職場で働いています。これは堂々と職業を探して選択することができないからです。しかし、日本人と同じように職業や会社を選択できるようになれば、それは、日本の若い人たちが嫌がるような仕事（会社）は、外国の人たちも敬遠するということを意味します。

結局のところ、日本の若い人たちも応募してくるような業界や会社にならなければ、外国人労働者を解禁しても人が確保できない、という結論に至ります。そのためにも生産性の向上が必要なのです。

2 人材確保の本質的な問題

経営者が企業の将来ビジョンを描く

近年ドライバーの確保が難しくなってきました。そこで多くの事業者は人材を確保するためにいろいろと知恵をしぼっています。

どうしたら効果のある募集ができるのか、どうすれば応募者が増えるだろうか、募集広告はどのような媒体が効果的だろうか、人材募集で何か参考になる話はないだろうか、といった声がたくさん寄せられます。

この背景には、仕事はあるのにドライバーが足りないのでトラックが動かせない、できればすぐにでも採用したい、そのためには募集しなければならないがいくら募集広告を出しても応募者がこない、といった状況があります。募集しなければ応募者が来るはずがないが、募集しても応募者が来ないのです。これでは募集のための広告費用を垂れ流しているのと同じです。こんな非生産的なことはないのですが、それでも募集しないわけにはいかない。そこで何かよい方法はないだろうか、となるわけです。

ここで考えなければならないのは、何かよい方法はないだろうか、という発想自体についてです。

これは募集のための方法論、いわば効果的募集のためのテクニックを求めているということです。もちろん、効果的に募集するためのテクニックは必要です。しかし、それでは本質的な問題の解決にはなりません。

そのことに気づいて人材確保のために必要なことは何かという本質にまでさかのぼって対応してきた事業者は、実は、あまり募集で困ってはいません。より正確に表現すると、人材確保のためということではなく、経営の基本的なあり方を追求してきた事業者といったほうがよいと思います。

ある中小事業者は、営業所を新設するにあたってドライバーを5人募集しました。場所は首都圏で、乗務するのは4ｔ車です。給料は総額で25万円ですから、税金や社会保険などを引いたら手取りは20万円程度でしょう。それでも募集人数を超える応募者があり、みんな20歳代でした。経営者自身が「できればもっと給料を上げたいが安い給料しか払えない。それでも応募者が多かったので自分でも驚いた」といっているほどです。

また、この事業者は営業職も若干名募集しました。勤務は東京都区内にある本社です。募集媒体は普通のネットの募集広告で、２回連続で出しました。応募者は１００人を超え、有名大学の卒業者で現在の年収が１０００万円超という人も多くいました。大手物流会社で提案営業を経験しているという人は全部不採用にしました。既成概念に囚われているからです。また、他業種からの転職希望者でも、まだ会社に在籍している人には年収が2分の1や3分の1に減ると説明し、それでも入社を希望する人には、現在の会社を続けたほうがよいと説得しました。転職するにしても、あなたなら当社よりもっとよい会社に入れると断ったケースもあったようです。

結局、採用したのは有名大学を出て1000万円以上の年収がありながら、すでに会社を辞めてしまっていた応募者でした。妻と子供がいて、家のローンに加えて子供の学費が必要な時期になっていました。しかし、すでに仕事を辞めてしまっているので収入が必要です。そこで奥さんとも面談して賃金や労働時間の実態などを率直に説明し、奥さんの理解と協力を得ることで採用しました。

この事業者は、どこにでもいる中小事業者です。いくら募集しても応募者が少ない事業者と、何が違うのでしょうか。トップによる最終面接まで絞り込まれた人たち全員に、経営者が、収入が減っても働きたいという理由を聞きました。すると全員が、仕事が面白そうな会社だと答えたそうです。

面白そうな会社とはどのような会社でしょうか。端的にいえば経営者が企業に対する将来ビジョンを持っているかどうかが重要です。経営トップが、自社の将来ビジョンを持っていなければ、社員は何に向かって進めばよいのでしょうか。ただ毎日の目の前の作業を可もなく不可もなくルーティンとしてこなしていれば、それでよいのでしょうか。

このような会社の経営者は、自分自身も会社を「経営」しているのではなく、ルーティンで会社を「運営」しているだけのようにみえます。人材確保のための本質的な問題は、まず経営者が企業の将来ビジョンを示し、その実現に向かって全社が一丸となって進んでいるかどうかです。

経営者も社員もルーティンをこなすだけなら、当座の手取り賃金が多いほうがよいでしょう。しかし、将来の構想に向かって進むなら、今は仕事がきつく賃金が安くても、自分たちでいずれは実現する目標があります。

バックキャスティングで目標や制度を明確に

ＮＳ物流研究会という任意の団体が毎年、大学の物流関係のゼミの学生の研究発表会を開いています。コンペで優秀な研究発表を表彰するのですが、以前の発表会で興味深い発表がありました。トラック運送業界の求人広告やハローワークの求人票を他の業種と比較したり、ホームページを比較したりして、トラック運送企業の求人に欠けているものは何かを調べた研究です。

その時、なるほどと感心したのが、トラック運送業界の求人内容にはキャリアパスが欠けているという指摘です[1]。

考えてみれば、若くてまじめな人ほど、腰かけ的な意識で応募はしません。その会社に勤めたら長く働くことを前提に仕事を探します。すると、入社して10年後にこの会社で自分はどうなっているのだろうか、さらに20年後はと考えるはずです。その会社で働いて自分の人生設計ができなければ、応募しようとはならないはずです。

当然ですが、採用時の条件については記載してあります（それすら嘘だったというブラック企業が問題になっていますが）。しかし、キャリアパスを示しているトラック運送事業者は極めて少ないという学生の指摘は、残念ながらそのとおりだと思います。

しかし、実態はどうかといえば、キャリアパスを示していないのではなく、キャリアパスなど示せないのです。なぜなら先述のようにまず企業の将来ビジョンがあって、それを実現するための企業戦略があり、それに沿った経営計画がなければなりません。さらに、それらを遂行するための人事政策があり、人材教育や育成制度などがあってこそキャリアパスが示せることになりますが、それがないからです。採用基準もそうです。

車両保有台数が20台に満たない事業者がいます。ドライバーも20人以下です。この中小事業者が、全員に1万円のベースアップをしました。1万円はベースアップで、諸手当などを含む賃上げは平均1万6000円でした。諸手当は勤続年数などによって多くなるように再検討したのです。長く、安心して働けるようにしなければいけない、という考え方からです。

問題は平均1万6000円の賃上げの原資の確保です。詳細は割愛しますが、貸切契約の取引から完全に撤退し、自社で運賃・料金を決められるような仕事に100％移行し、生産性の向上が見込めるから可能になったのです（正確には多少の先行投資がありますが）。

同社では長期的な企業ビジョンに基づいて、自社の独自サービスを創造しその売上の伸長に応じながら、最初は下請け仕事からの脱却、次に元請けでも貸切契約の仕事からの撤退という企業戦略に基づいて経営をしてきました。そして最後の貸切契約の荷主から撤退し、自社で運賃・料金を決められる業務が100%になったのを機に、大幅なベースアップを実施しました。

今後は、企業戦略に基づいた経営計画を遂行し、人事政策に沿って人材を採用し、教育育成する方針を明確に打ち出しています。このように設定した目標から現在をみて、目標にどのように向って進んで行くかを考えるバックキャスティング的な発想が重要です。

3 人材募集のテクニカルな方策

スマホ世代とパソコン世代の違い

大手小売業の物流部門ではなくオムニチャネル戦略プロジェクトの関係者を取材していると、「顧客の最近の購買行動はウェブルーミングになってきている」といった話を聞きます。ネット通販が伸長してくる中で有店舗小売業の大きな悩みのひとつがショールーミングでした。店頭で商品を見ながら説明を聞いたりしても、その商品を一番安く売っているネット通販会社（EC）から購入するという購買行動をショールーミングといいます。

しかし最近は、有店舗小売の側の対応もあって、消費者の購買行動にも変化が出てきました。ネットで商品を見てから店舗に来て現物を確認するような購買行動に変わってきたといいます。「極論すると商品が店頭にあっても、ウェブ上で確認できなければ商品として認められない」のだそうです。今や国内のEC市場は10数兆円規模になり、EC化率は4％台以上になっています。

これは小売市場に占めるECの比率ですが、同時に購買行動にも大きな変化が出てきたようです。それはショールーミングからウェブルーミングへの移行です。ウェブルーミングは前述のように、店頭に行ったり、あるいは商品の現物を見たりする前に、まずウェブ上で見つけ出すという購買行動です。ウェブ上で「発見」してから店に行ったり、商品の現物を確認したりして、買うかどうかを判断するようになってきているというのです。

このウェブルーミングについてある大手小売業の関係者は、「あくまで個人的な感覚だが、ウェブルーミングはすでに20％以上になっている」といいます。そして、このような購買行動の変化に対応するには、「インバウンド（外国人観光客という意味ではありません）・マーケティングの時代になってきた」と強調しています。

従来はテレビやラジオ、新聞や雑誌、カタログやDMなどで商品を消費者に向かって訴求してきましたが、最近は消費者がまず最初に、自らウェブで店や商品を探し出すようになってきました。そこで「どのようにすればウェブ上で店や商品を見つけ出してもらえるか、というマーケティングに転換しなければならない」というのです。これがインバウンド・マーケティングです。

また、別の大手小売業のオムニチャネル戦略部門の関係者の話では、「いまの20代、30代は自分のパソコン（ＰＣ）を持っていない人が多い。自分のＰＣを持っている比率が一番高いのは40代、50代の人たち」といいます。これは自社の顧客などを分析した結果です。現在40歳代、50歳代の人たちが若いころにＰＣが普及したこともあって、職場以外に自分のＰＣを持つことが当たり前で、生活習慣化しているのだと思われます。それに対して20歳代、30歳代の人たちはスマートフォン世代です。スマホがあれば、たいていの用件は事足りてしまうため、会社で仕事中はＰＣを使うでしょうが、個人でＰＣを持つ必要がないという世代なのでしょう[2]。なお最近ではスマホネイティブの弊害なども指摘されるようになってきました。

長々と小売業界のことを書いてきましたが、トラック運送企業における人材募集のためのテクニカルな問題に戻ります。ウェブルーミング、インバウンド・マーケティング、スマートフォン世代（スマホネイティブ）という3つのキーワードから何を連想するかという問題です。社会の変化、とくに若い人たちのライフスタイルの変化に対して、旧態依然たる発想や手法で人材募集を行ってはいないでしょうか。

もちろん企業の将来ビジョンを明確にし、適正利益が確保できる経営内容で、社員満足度も高いというのが人材確保の基本的な条件です。ですが募集の手法やテクニックも必要です。

少し前まではハローワークの求人票や求人媒体に掲載されている求人広告をみるだけではなく、ホームページ（ＨＰ）をみて確認してから応募するかどうかを判断するような求職行動でした。その時点でもＨＰはリクルーティングの必須アイテムでしたが、求職行動としては先ほどのショールーミングのパターンといえます。

しかし、最近は求職活動もウェブルーミングになりつつあるとしたなら、ＨＰはリクルーティングには絶対不可欠といっても過言ではないでしょう。しかも、インバウンド・マーケティングという面からみると、ウェブ上でまず会社をみつけてもらうにはどうしたらよいか、という発想が重要です。普通のＨＰではウェブ上で埋もれてしまいます。まずみつけてもらうための工夫が必要です。

さらにスマホ世代の若い人たちには、スマートフォンでもみやすいスマホ・バージョンのＨＰがなければみてもらえる確率が低くなることを意味しています。

つまり、まず求職者にウェブ上で会社をみつけ出してもらい、次に「この会社は人を募集しているだろうか」と求人メニューに進んでもらえるようにするということです。

ここでＨＰの工夫には直接関係していないのですが、インターネットがリクルーティングにおいても重要なツールであることを証明する事例を２つほど紹介しておきましょう。

大手企業に在職中のドライバーが小規模事業者の募集に応募してきて採用されたケースがあります。賃金も労働時間も福利厚生なども段違いに中小事業者のほうが劣ります。そこで、なぜ応募してきたのかと尋ねたら、「今の会社のほうが生活などは安定しているかもしれないが、毎日同じ作業を繰り返しているよりも様々な仕事ができるほうがやりがいがあってよい」ということでした。ウェブでその会社の記事を読んでいたからです[3]。

もうひとつは、募集していないのに、自分から「働きたいので採用してもらえないだろうか」と訪ねてきた青年のケースです。詳細は割愛しますが、やはりウェブでこの中小事業者の記事を読んで、働きたいと思ったようです。募集はしていなかったのですがせっかくだから採用して「真面目に働いてくれている」といいます[4]。

ホームページという武器は企業規模にかかわらず対等

人材確保に限らず、最近はHPがパブリシティ戦略上で重要なアイテムになっています。昔は広告といえば活字や電波媒体でした。そのためコスト負担力のある大手事業者しかPRできなかったので、資金力の差が表われました。ですがHPならコスト差が小さいので、ウェブ上でのパブリシティという土俵なら企業規模にかかわらずほぼ対等に競えるようになってきました。

そうなると今度はHPの内容が重要になります。ただHPを開設すればよいのではなく、いかに効果的にPRするかというパブリシティ戦略が必要になってきた理由がここにあります。

中小事業者では、HPの中で社長ブログを書く経営者が増えてきました。全体的にみると、やはりネットを使い慣れている若い世代の経営者に多いようです。社長ブログは社長あいさつとは違って、個性が出ているので面白いです。あいさつでは堅苦しい内容になりがちですが、ブログなら書く方も肩に力が入らないので、経営者の素顔の一端を窺うことができるからです。個人的な趣味などもそうですが、仕事に関する話題の時は、何気なく書いた一行に（極端にいうとひとつの単語だけでも）、貴重な情報の片鱗が含まれていることもあります。リクルーティングという点では、トップが企業の将来像などに関して熱く語ることが重要です。

ただ、経営者のブログを読んで感じるのは、率直なところたいていの経営者は毎回同じ内容だということです。もちろん話題は違いますが、書かれているのは基本的に同じことの繰り返しです。ブログはいわば公開日記のようなものなので、趣味で書いているだけなら構わないともいえます。しかし、公開するということは、読んでくれる人（読んでもらいたい人）を想定しているはずです。するとターゲットを明確にして書く必要があります。想定した対象に応じて書き方も変えるべきです。

たとえば社長から社員に向けたメッセージならそのように書くべきです。既存取引先の担当者向け、あるいは新規取引先の開拓を狙ったものならば、そのような書き方にしなければなりません。

一方、社員の家族向けやリクルーティングなら、対象者に読まれるような書き方にしないといけないでしょう。たとえば社員や荷主向けなら日常的に使っている業界用語で書いてもよいでしょうが、社員の家族やリクルーティングでは、内容は当然ですが、誰にでも分かる言葉（用語）でないと意味が伝わりません。

また、高校新卒者の採用を意識するなら、本人だけではなく就職担当教諭や、両親向けのメッセージも重要です。高校生には就職担当教諭の意向が強く反映します。すると、生徒に安心して推奨できるような企業であると教諭に思ってもらえなければいけないわけです。

両親向けも同様です。安心して自分の子供が働ける会社だと思ってもらう必要があります。少子化が進んでいますから、自分の子供が初めて社会人になるときにどのような会社に勤めるのかを心配するのは当然です。とくに母親は強くこだわる傾向にあるようです。

つまり、同じブログでも、ターゲットを明確にすることと、想定する対象者に伝えるための工夫が必要です。パブリシティの上手な若い経営者の中には、その都度、想定する対象ごとに書き分けている人もいます。

社長ブログを連載している経営者には、自分自身で書いている人と、リライターに頼んでいる人がいます。ですが、ターゲット別に文章を書き分けることができるだけの力量のあるリライターは極めて少ないと思います。その場合、複数のリライターに依頼するといったことも必要でしょう。

簡単にＨＰの項目を列挙しておきます。ターゲット別では、①顧客向け（既存顧客、新規顧客）、②社内向け（社員向け、社員の家族向け）、③リクルーティング（中途採用向け〈本人とその家族〉、新卒採用向け〈本人・両親・担当教諭〉）、④一般社会向け、などになります。さらに内容的にみると、社長のブログ（顧客向け・社員向け・社員の家族向け・リクルーティング）、社員ブログ（社内のコミュニケーション促進、リクルーティングでは社員ブログは会社の雰囲気などが伝わりやすく有効）、社

人材確保につながるホームページ

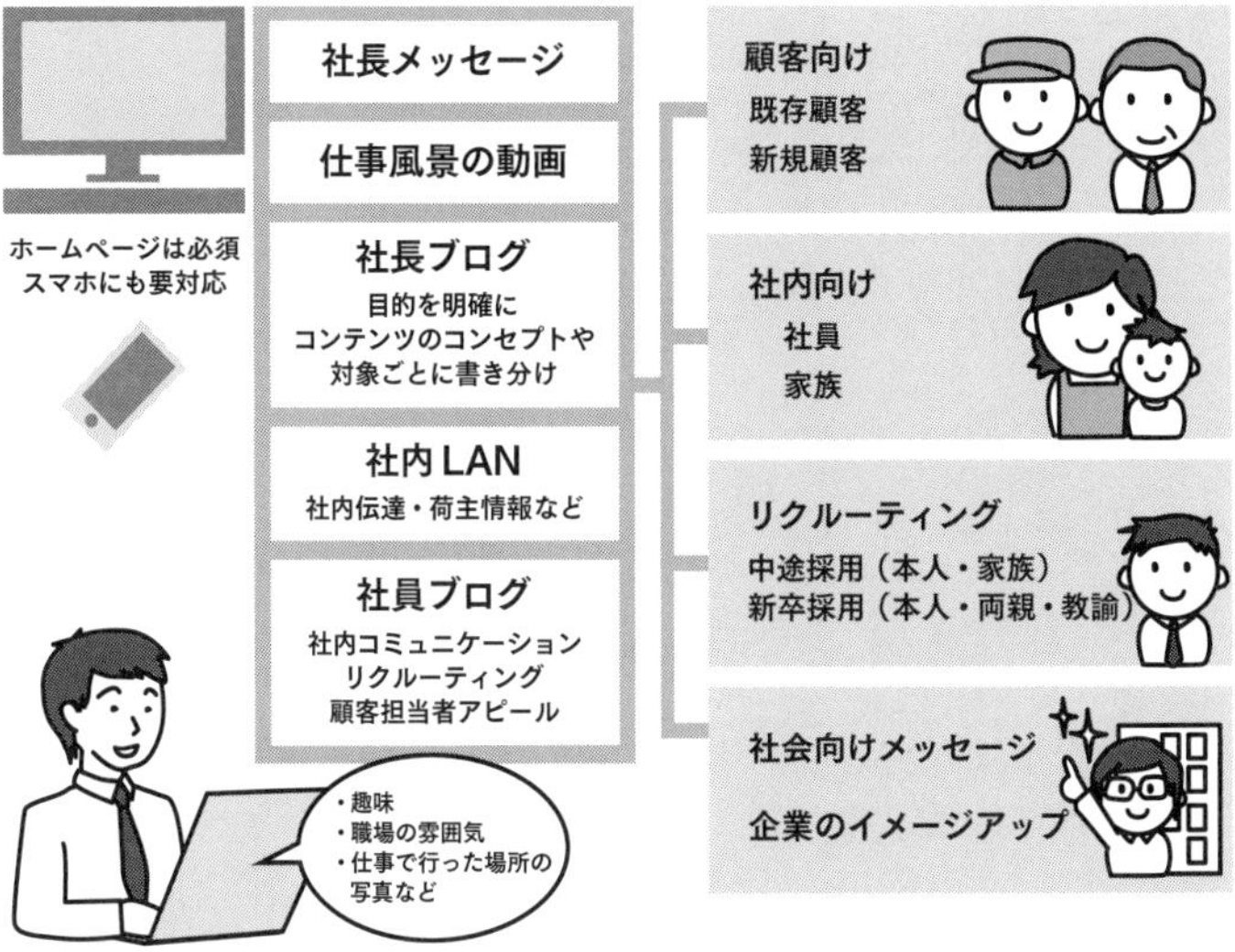

内LAN（社内伝達・荷主情報・荷主業界動向・職場間交流・社内Eラーニング・その他）などがあります。社員ブログで個人的な趣味なども掲載すると、検索の語彙が豊富になるという効果もあります。

なお、最近は社長メッセージや職場の仕事風景を動画にしている事業者も増えつつあります。

応募する側の目線での募集

繰り返しになりますが、いくら募集しても応募者が少ない（いない）、という嘆きを多くのところで耳にします。「募集しても」ということですが、どんな募集をしているかを再検討したことがあるでしょうか。ここでいう再検討とは抜本的な意味です。つまり採用する側、雇用する側からの再検討ではなく、応募する側、採用される側の目線から「募集している」かということです。

ある会社の事例を紹介したほうが話が早いでしょう。募集を管理職に任せていては話が進まない、と考えたドライバーの人たち自らがドライバー募集に取り組んだケースです。

ドライバーの人たちの問題意識は、①慢性化した人員不足が現場での作業を圧迫しているために退職者を増加させている、②人員と体制を安定させることが顧客から求められている品質や課題を達成するための最も重要な課題である、③ドライバーの定着率の悪化に伴う募集広告費用の増加を抑制する、④慢性的な人員不足を解消することでドライバーの業務に対するモチベーションの低下を防ぎ交通事故の防止を図る、⑤荷主も同様の問題を抱えており自分たちが共に発展していくためには人材確保のための抜本的な改善が必要、⑥現状での退職率の増加の原因が採用段階にあるのか配属先にあるのかを解明する、といったものでした。あなたの会社の管理職の意識と比べてどうでしょうか。

具体的には、まず現状を把握することから始めました。一定期間に求人広告を何回出したか、それに要した広告費はいくらだったか、この間の応募者が何人で応募者1人あたりの広告費用はいくらか、採用した人数は何人で採用者1人あたりの広告費用はいくらか、採用者の中で定着したのは何人で定着者1人あたりの広告費用はいくらか、といったことを定量的に明らかにしました。

次に、現在の募集広告の内容を分析して、改善すべき箇所を話し合ったのです。その結果、この項目はいらない、このような項目を入れよう、在籍している自分たちはどこに魅力を感じてなぜ続けているのか、どうしたら仕事の魅力が伝わるか、月収の事例を載せてはどうか、家族のいる人が増えているることを載せよう、他業種から転職して在職している人が多いことを載せよう、その他多くの意見が出ました。

これらを踏まえて、求人誌に掲載する文面などを再検討し、より具体的に仕事の内容が伝わるようにしようと考えました。掲載写真の変更、求人媒体の配布エリアの変更、文面を魅力的にするなどの工夫をしたのです。

同時に、定着率のアップでもいくつかの取り組みをしました。まず、定着率アップのために現場責任者と教育担当者にできることは何かを話し合いました。面接官の力量はどうか、ＯＪＴ（オン・ザ・ジョブトレーニング）の確認シートの作成や、教育者側の増員なども話し合っています。さらに、フォローアップミーティングの定期実施や、新人ドライバーの悩みや不安、疑問、質問などについて、先輩ドライバーの人たちが答えるようにしました。

とくに定着率の向上では、先輩ドライバーが会社や仕事について愚痴をいったりすることの悪弊などについても話し合い、改善するようにしました。新人ドライバーを不安にさせている言動が職場にあることが分かったからです。そこで新人を同乗させる前には、責任者と注意事項を読み合せて周知徹底するようにしました。さらに、新人の能力に合わせて段階的に仕事量などを調整するようにもしました。

このようにドライバーの人たちが中心になった募集、定着活動の結果、①募集広告費用の大幅削減（募集広告回数減、広告費用減、応募者数増、応募者1人あたり広告費減）、②定着率も大幅アップ（採用人数増、定着人数増、定着率増、定着者1人あたり募集広告費減）、といった成果を定量的に明らかにしました。

自分たちで募集に関わるようになったドライバーの人たちは、「目先の人手を埋め合わせるために、人を選ばない採用を続けていては、真の意味の人材確保にはならない。業績向上、品質確保、事故撲滅、業務拡大の礎となるのは有能で価値ある人材の確保であり、そのためには我われが選ぶ側に立たなければならず、より多くの応募者を獲得していくことが必要」「今後も営業所全体で意見を共有し、今回の取り組みで得た知識を活用しながら顧客が求める以上の品質を提供していきたい」といった意見を述べています。

くどいようですが、これは経営者や管理者のコメントではありません。ドライバーの人たちの認識です。これだけのレベルのドライバーの人たちがいるということは、現場力のある事業者ということがいえます。そして現場力すなわち生産性でもあります。

4 マンパワーこそ生産性の源

相互出向による仕事の波動調整と適正人員配置

年間を通して荷物の量がコンスタントにあるという事業者もいます。半面、繁忙期と閑散期では荷物量の差が大きいという事業者もいます。それほど極端ではないが季節波動があるというケースもあります。年間でみれば比較的コンスタントでも、曜日による波動があることもあります。どのような荷物を運んでいるかによって荷物波動は各社各様だと思います。

それに対する対応としては、閑散期だけは同業他社から荷物を斡旋してもらって、ボトムアップを図るという対応もあります。あるいは複数の業種の取引先があってそれぞれ繁閑にずれがある荷主なら、社内でドライバーと車両の波動を調整し、会社全体としてはコンスタントに稼働するようにしているでしょう。

このように閑散期だけ同業者から荷物を斡旋してもらったり、波動のずれている荷主の荷物を社内で調整したりするのと同じことを、別の方法で取り入れることも可能です。繁閑の季節波動がまったく逆の事業者同士が提携して、自社の閑散期には相手の会社にドライバーを出向させるというのがそのひとつの方法です。

このようなドライバーの相互出向を以前から取り入れているケースがあります。1社は農産物の輸送などが多く、夏をピークとして春から秋にかけてが繁忙期です。もう1社はタンクトラックによる石油類の輸送ですから冬場をピークにして秋から春が繁忙期となります。ピークとボトムがちょうど反対の事業者同士です。

そこで両社は閑散期におけるドライバーの相互出向の提携をして契約を結びました。農産物輸送事業者のドライバーが石油輸送事業者に出向するには、当然、危険物取り扱いなどの資格を取得していることが前提になります。契約を締結する際の検討課題は、事故への対応、運賃水準が違うので相互に支払う出向料をどうするか、などでした。また、社内的には出向中のドライバーに対するメンタル・ケアなども重要な課題です。

出向に対する対価の支払いは会社間で行います。しかし、運賃水準が違いますので両社の労働分配率通りに支払うことにしました。ドライバーの賃金は所属する会社から支払います。運賃水準が違っても会社間では労働分配率で支払われますから、安い運賃水準の事業者のほうはドライバーの通常の賃金以上の金額が入ってきます。反対に運賃水準が高い事業者のほうには、ドライバーの賃金水準よりも低い金額しか入ってきません。

しかし、前者は出向先から支払われた金額をそのままドライバーに賃金として払いますので、出向期間中のほうが高い賃金になります。後者のほうは、出向先から支払われる金額が通常の賃金より少ないので、差額を会社が負担することで通常の賃金どおりとしています。

両社はこの相互出向制度をかなり早い時点から導入しました。まだ、現在ほどドライバー不足が顕在化する前です。目的のひとつは閑散期対応ですが、もうひとつの目的は将来的に予測されるドライバー不足への対応と位置づけていました。人口構造からみれば少子高齢化の進行によってドライバー不足になることはずっと以前から予測できたからです。

モチベーションアップが生産性向上の源泉

労働集約型産業である物流業では、作業の組み合わせや車両のオペレーションなどシステムの効率化によって生産性を向上すると同時に、現場で働いている人たちのモチベーションが生産性を大きく左右します。つまり、効率的なシステムの導入と働く人のモチベーションアップが生産性向上のカギなのです。

物流センターなどでは、パートやアルバイトなどの非正規雇用の人たちがたくさん働いています。労働集約型の現場で、正規雇用の社員だけで作業をしていては人件費が高くなってしまって採算が合わないからです。

ところで、パートなど非正規雇用労働者の人たちは、人件費が本当に安いのでしょうか？　そんなことは愚問だ、といわれそうです。しかし、本当にそうでしょうか。

たしかにパートなど非正規雇用労働者の賃金は、正規雇用の社員と比べれば安いです。ですが、それは支払う金額が少ないということです。ところが費用対効果という違った見方をすると、必ずしも安いとは限らないのです。

たとえば時給１０００円だったとします。そのパートの人が1時間に１０００円分の仕事をすれば、賃金が安いのではなく仕事相応の時給を払っているに過ぎません。しかし、1時間に８００円分の仕事しかしなかったとすれば、時給が安いどころか、逆に高いことになってしまいます。

正規雇用の社員の人の人件費を時給換算した時、かりに１５００円だったとします。その正規雇用の社員の人が1時間に１５００円分の仕事をするとします。それに対して時給１０００円のパートの人も1時間に１５００円の仕事ができるようになったときに、初めてパートの人の人件費が安いということになります。

正規社員、非正規社員に限らず、時給以上の仕事をするようになれば、生産性の向上になります。問題は、どのようにすればそうなるのかです。一般には金銭的なインセンティブに頼りがちです。もちろん、たくさんの給料を払えるならばそれに越したことはありません。しかし、金銭的なインセンティブでモチベーションをアップするには限界があります。持続性がありません。

生産性の高い会社は現場力のある会社です。現場力の大きな要素は、働いている人たちのモチベーションにあるような気がします。実際に取材していて感じるのは、優れた会社に共通するのは、現場で働いている人たちのモチベーションが高いということです。必ずしも金銭的インセンティブではないのです。

モチベーションアップには何が必要でしょうか。それは、仕事に対するやりがいや目標です。また、自ら創意工夫するために知恵を出せるような職場環境をつくることです。自ら作業効率化の目標を立て、それを実現したときの達成感は、やりがいになり、さらに次の目標設定につながります。そのような好循環ができればモチベーションは持続的なものになります。

改善提案活動などを継続的に行っている事業者は、全体的に従業員のモチベーションが高く、持続的に生産性向上を追求するような社風になっています。

社員満足度の追求（顧客満足度は結果である）

一般に募集して採用するよりも、社員の紹介などのほうが安心できるし定着率もよいといいます。そこで紹介制度などを設けて1人紹介して何カ月以上定着したら紹介料をいくら払う、といった報奨制度を導入している事業者は少なくありません。

ですが、会社に不満を持っていてよい会社があったらそちらに移ろうと考えている社員が、自分の親しい人を紹介するでしょうか。まず、紹介などしないでしょう。少し考えればわかることです。そこで、社員満足度（ＥＳ）の高い会社にならなければいけないのです。ＥＳが高ければ、辞める人も少なくなりますから、それだけ募集する必要もなくなります。

ブータンには「国民総幸福量（ＧＮＨ）」という指標があるそうです。それぞれの国の経済成長を示す指標のひとつが国内総生産（ＧＤＰ）ですが、それとは異なる物差しです。

日本では3月末決算の企業が多く、たいていの会社は4月1日から新会計年度になります。売上や利益などの目標を掲げて新年度をスタートします。また、新卒者を定期採用している事業者では、4月1日が入社式です。

そこで各社の新会計年度から、売上や利益目標に加えて、社員満足度（ＥＳ）という指標を取り入れてはどうでしょうか（別に新年度でなくてもかまいませんが）。売上や利益目標がいわばＧＤＰ目標なら、ＥＳ目標はＧＮＨに相当します。売上と利益を増やす事業計画は当然ですが、ＥＳの向上を目標に掲げている事業者はまだそんなに多くはありません。それでも最近は、ＥＳを重視する中小事業者が少数とはいえ増えつつあります。

外部に委託してＥＳを初めて調べた中小事業者がいます。同社の社長は調査結果を見て驚きました。「よかれと思ってやってきたことが、社員からすると必ずしもそうではなかった」という結果が出たからです。

そこで制度などを再検討して社内改革を進めました。賃金体系の見直しや、柔軟性を持った勤務体制などです。調査後に分かってきたことのひとつに、辞めていった人たちの本当の理由があります。

表面的な退社理由は自己都合でしたが、硬直した勤務体制が本当の理由だった人たちがいたことも分かりました。そこで最近では、募集広告に柔軟性のある働き方も可能なことを示しているので、「それを理由に応募してくる人もいる」といいます。この中小事業者は、その後も毎年1回、ESを調べています。

あるいは、月給制を導入した中小事業者がいます。この事業者も簡単なES調査をし、その結果も踏まえて賃金体系の転換を図ったのです。その他にも、それぞれのやり方でESを調査し、賃金体系や勤務ローテーションなどに反映している中小事業者が散見できるようになってきました。いずれの経営者も、ESの調査結果をみて、自身と社員との認識の差に驚いたと話しています。

ESの高い会社は、当然ですが社員の定着率もよくなります。また、会社に不満を持っている社員に、顧客満足度（CS）を高めろと言っても無理です。このようにESとCSは一体と考えるべきです。結果的にはESの向上がCSの向上を実現し、売上や利益目標の持続的達成につながると考えたほうがよいでしょう。GDPとGNHの両方とも高い国を目指すのと同じです。

そこで売上や利益目標とともにES向上も掲げることを提案します。まず最初はESを調べることから始めましょう。

むすびに……先進的事業者の事例が業界スタンダードになることを願って

「はじめに」でも書きましたように、本書は『トラック運送企業のマネジメント—経営戦略に関わる実証的研究—』(2005年・白桃書房)の続編のような位置づけになります。同著のあとがきの最後を「パソコンのキーボードから手を離し、再び取材の旅に出発します」という言葉で結びました。この宣言のとおりに、その後の10年間も取材の旅を続けてきました。

この10年間の取材でも多くの事業者の人たちにお世話になり、様々な話を聞いたり、現場を見せていただいたり、社内資料なども提供していただきました。また、生産性のテーマとは少し異なる内容のために、本書には採用しなかった取材協力先がこの何倍もあり、それらの皆様にも、いろいろご協力をいただきました。

取材などでお世話になったすべての皆様に、あらためてお礼申し上げます。

これら取材にご協力いただいた事業者は、いずれも進んだ取り組みをしている会社ばかりです。したがって取材の内容も各社のノウハウに関わるような部分が含まれています。もちろん、それらを全部活字にしたわけではありませんが、かなり具体的な内容についても、皆様が隠さずに話をしてくださいました。また、必要に応じて内部資料も開示していただき、コピーまでいただくこともありました。

それはなぜか。進んだ事業展開をしているような企業の経営者の人たちは、自社の事例が参考になって、業界がよくなるために少しでも役立つなら、という意識を持っているからです。各社の進んだ取り組みを相互に学び合うことで、それらが業界のスタンダードになればよいことだ、という認識なのです。取材者である私をその伝達係として認めてくださったともいえます。

自社で創造したノウハウであっても、それが業界のスタンダードになれば、業界全体のレベルアップにつながります。それは業界に対する社会的評価が高くなることでもあり、また、業界の生産性の向上につながって産業としての成長にもなる、というわけです。そしてノウハウを開示した自社は、そのレベルよりもさらに前進するように努力することが、会社の発展につながるという認識です。

このようなポジティブな発想をする方々の取材協力を得てまとめたのが本書です。私は学者や研究者ではありませんから、ジャーナリストという領分の中で、具体的な事例を素材に、若干の理論化を図るという手法でまとめました。また、定量的なデータよりも、生産性を向上するための発想を重視するために定性的な面に重点をおいてまとめました。

いずれにしても、ここで紹介したような生産性向上への取り組みが、業界スタンダードになることを期待しています。それが高付加価値なサービスの提供を通して適正利益を確保できる健全な業界の実現につながり、ひいては業界のイメージアップや社会的評価の向上になると信じているからです。
といったことで、また明日から取材の旅に出発します。

２０１６年10月31日

【注釈】

1章

1．この項は、拙著『トラック運送企業のマネジメント―経営戦略に関わる実証的研究―』（２００５年・白桃書房）から要約。

2章

1．拙著『トラック運送企業のマネジメント―経営戦略に関わる実証的研究―』（２００５年・白桃書房）。
2．前掲書に準拠。
3．全日本トラック協会『トレーラの大型化による輸送効率化促進ハンドブック』（２０１６年・全日本トラック協会）を参照。
4．佐藤有「長距離輸送はこんな人たちが支えている―定点配布アンケートから見える長距離ドライバーとその会社―」『季刊物流展望』（２０１６年春号）を参考。
5．拙著『トラック運送企業のイノベーション―新サービス創造に関する実証研究―』（２００９年・白桃書房）。
6．拙著『ネット通販と当日配送―B to C-EC が日本の物流を変える―』（２０１４年・白桃書房）。
7．拙著『トラック運送企業のマネジメント―経営戦略に関わる実証的研究―』（２００５年・白桃書房）。

4章

1．国土交通省自動車局貨物課『貨物自動車運送事業における中継輸送実証実験モデル事業報告書』（２０１６年3月）を参照。
2．拙稿「トラック運送業の諸課題と高速道路」『高速道路と自動車』（２０１６年4月号）。

7章

1．NS物流研究会主催２０１２年「物流関連ゼミ学生による研究発表会」における東京海洋大学・黒川久幸ゼミBチームの研究から。
2．拙稿「物流の大変化を読む　オムニチャネル時代、ロジスティクスはこう変化する！」『ダイヤモンド・ホームセンター』（２０１５年11月号）より。
3．webマガジン『トラックNEXT』連載の拙稿「運送事業者レポート」を読んで応募したとのこと。
4．同右。
5．拙著『トラック運送企業のマネジメント―経営戦略に関わる実証的研究―』（２００５年・白桃書房）。

プロフィール ■ 森田富士夫（もりた・ふじお）
1949年　茨城県常総市生まれ
物流ジャーナリスト　日本物流学会会員
会員制情報誌『M Report』を毎月発行

【主な著書】

『物流企業「勝ち組」へのキーワード』プロスパー企画　2002年
『メール便戦争～1兆円市場をめぐる攻防～』プロスパー企画　2003年
『トラック運送企業のマネジメント～経営戦略に関わる実証的研究～』白桃書房　2005年
『トラック運送企業のイノベーション～新サービス創造に関する実証的研究～』白桃書房　2009年
『ネット通販と当日配送～B to C - ECが日本の物流を変える～』白桃書房　2014年

【共著】

『新物流実務事典』（第2部16章消費者物流の執筆を担当）産業調査会　2005年

【外国語版】

中国語版『物流企業“勝ち組”へのキーワード』許京氏＆孫庚氏翻訳　電子工業出版　2005年
韓国語版『トラック運送企業のマネジメント』趙 哲彙氏監修・訳　韓国物流新聞社　2008年

【連載】

全日本トラック協会発行『広報とらっく』に「トラック運送事業者のための経営のヒント」
いすゞ自動車発行『輸送リーダー』に「他社に打ち勝つ競争力アップのための発想」
WEBマガジン『トラックNEXT』に「運送事業者レポート」と「業界人ブログ」
『ドラEVER』に評論「クロソイド」と「儲かる会社は社長で決まる～物流ジャーナリストの眼から観た社長像」

トラック運送企業《うんそうきぎょう》の生産性向上入門《せいさんせいこうじょうにゅうもん》
誰にでもできる高付加価値経営の実現

2017年1月16日　初版発行　〈検印省略〉
2017年10月6日　第2刷発行

著　者　森田富士夫《もりたふじお》

発行者　大矢栄一郎
発行所　株式会社 白桃書房
〒101-0021　東京都千代田区外神田5-1-15
☎03-3836-4781　FAX 03-3836-9370

郵便振替　00100-4-20192
http://www.hakutou.co.jp

装丁・イラスト　たかやま ふゆこ
本文デザイン・組版　中野多恵子
印刷・製本　藤原印刷株式会社